L'Europe à l'époque moderne (XVIIe-XVIIIe siècles)

FICHE 1

W0319159

A Quels sont les contrastes économiques en Europe à l'époque moderne ?

1. Complétez la carte en coloriant selon la légende les régions d'Europe les plus développées économiquement et en écrivant le nom des principaux centres économiques.
2. Soulignez dans la légende le nom des principales activités économiques de ces régions.
3. Avec quel continent l'Europe développe-t-elle son commerce à l'ouest ?

....

....

....

4. Quelle activité reste dominante en Europe à cette époque ?

....

....

....

....

Doc. 1 Les contrastes économiques en Europe à l'époque moderne

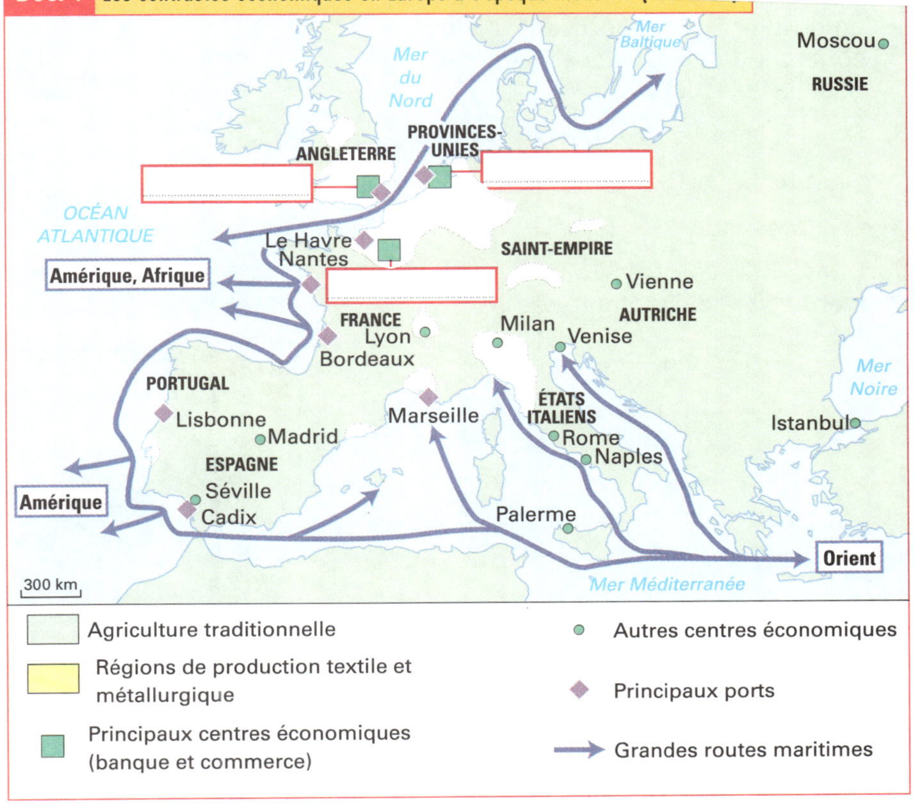

B Quels sont les contrastes sociaux en Europe à l'époque moderne ?

Doc. 2 Les contrastes sociaux en Europe à l'époque moderne

A Une famille paysanne en France au XVIIe siècle (tableau des frères Le Nain, vers 1645, musée du Louvre, Paris)

B La milice bourgeoise d'Amsterdam (Provinces-Unies) (tableau de Rembrandt, 1642, Rijksmuseum, Amsterdam)

5. À l'aide des éléments de chaque peinture, complétez les caractéristiques de chaque catégorie sociale.

A	B
Lieu : ❑ ville ❑ campagne	**Lieu :** ❑ ville ❑ campagne
Catégorie sociale représentée :	**Catégorie sociale représentée :** ....
Éléments montrant la pauvreté :	**Éléments montrant la richesse :** ....
....	....
Monde : ❑ traditionnel ❑ ouvert au changement	**Monde :** ❑ traditionnel ❑ ouvert au changement

C Quels sont les contrastes religieux et artistiques en Europe à l'époque moderne ?

6. Complétez la légende de la carte en écrivant le nom des différentes religions chrétiennes.

7. Localisez sur la carte chaque monument du document 4 en y écrivant la lettre correspondante et coloriez les puces selon la légende.

8. D'après la carte, dans quel pays est né :

- l'art baroque ? ....
- l'art classique ? ....

9. Dans quelle Europe chrétienne chaque forme d'art s'est-elle plutôt diffusée ?

....

....

....

....

....

10. Écrivez les lettres **A** ou **B** dans les puces caractérisant l'architecture de chacune des deux façades.

Lignes ☐ droites ☐ courbes

Décoration ☐ mouvementée, nombreux détails ☐ sobre, ordonnée, influencée par l'Antiquité

Doc. 3 L'Europe religieuse et artistique à l'époque moderne

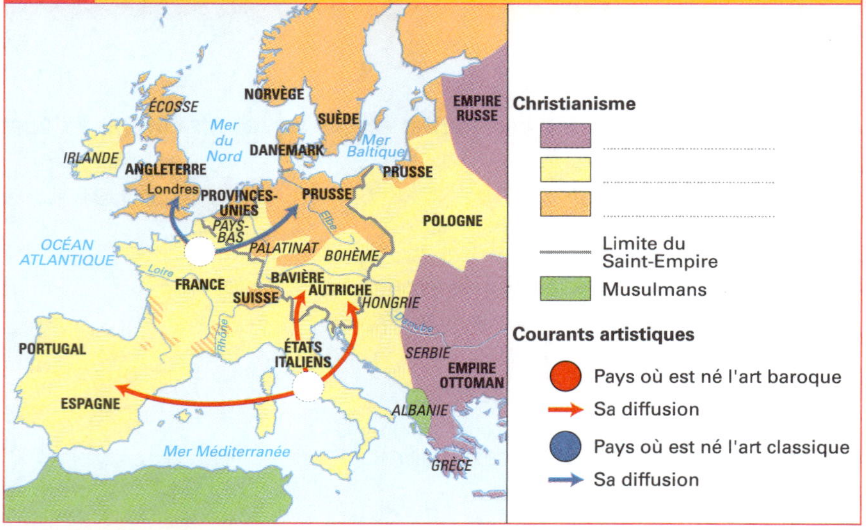

Doc. 4 Architecture baroque et architecture classique

A Façade baroque de l'église San Carlo à Rome

B Façade classique du palais du Louvre à Paris

je m'entraîne pour le brevet

PARAGRAPHE ARGUMENTÉ

▶ **Comprendre un sujet d'histoire (1)**

Avant de rédiger un paragraphe argumenté, il faut comprendre le sujet. Pour cela, il convient d'identifier les termes importants du sujet et d'en définir le sens par rapport au sujet.

a Les termes importants du sujet n° 1 sont soulignés et expliqués. Reliez chaque terme à ce qu'il signifie.

Sujet n° 1 : À l'aide des documents et de vos connaissances, rédigez un paragraphe argumenté montrant les contrastes économiques et sociaux de l'Europe à l'époque moderne.

Qui concerne les activités	Différences marquées	Qui concerne la société	Aux XVIIe et XVIIIe siècles	Sur le continent européen

b Les termes importants du sujet n° 2 sont soulignés. Expliquez-les.

Sujet n° 2 : À l'aide des documents et de vos connaissances, rédigez un paragraphe argumenté montrant les contrastes artistiques et religieux de l'Europe à l'époque moderne.

Différences marquées	....	....	Sur le continent européen	Aux XVIIe et XVIIIe siècles

© Hatier, Paris, 2007, ISBN : 978-2-218-92695-2

La monarchie absolue

A Quels sont les pouvoirs de Louis XIV ?

1. Sur le portrait de Louis XIV, écrivez la lettre correspondant à chaque insigne de la royauté (ou *regalia*).

- **A** Le collier de l'ordre du Saint-Esprit
- **B** L'épée
- **C** Le manteau du sacre
- **D** Le sceptre
- **E** La main de justice
- **F** La couronne fermée

2. Au cours de quelle cérémonie religieuse le roi reçoit-il ses insignes et où a-t-elle lieu ?

3. D'après le texte 2A, pourquoi dit-on que le pouvoir du roi est de droit divin ?

4. Soulignez dans le texte 2B la phrase montrant que le roi a tous les pouvoirs.

5. Quelles sont les obligations des sujets envers le roi ?

6. Comment appelle-t-on ce type de pouvoir ?

Doc. 1 Louis XIV par H. Rigaud (1701, huile sur toile, musée du Louvre, Paris)

Louis XIV est roi de France de 1643 à 1715. Sacré dans la cathédrale de Reims, il inaugure son règne personnel en 1661 à la mort de Mazarin.

Doc. 2 Droit divin et absolutisme

A. « La toute puissance [du roi] vient de Dieu. Les princes agissent donc comme lieutenants de Dieu sur Terre. C'est par eux que Dieu exerce son empire. »

Bossuet, *Politique tirée des propres paroles de l'Écriture sainte*, écrit en 1670, paru en 1709.

B. « Toute puissance, toute autorité résident dans la main du roi et il ne peut y en avoir d'autre dans le royaume que celle qu'il y établit. La volonté de Dieu est que quiconque est né sujet obéisse sans discernement [au roi]. Il faut demeurer d'accord que, quelque mauvais que puisse être un prince, la révolte de ses sujets est toujours criminelle. »

Louis XIV, *Mémoires rédigés pour l'éducation du Dauphin*[1], 1668.

1. L'héritier du trône.

B Comment le roi exerce-t-il son pouvoir sur ses sujets ?

7. Quel élément de cette lettre de cachet permet de l'attribuer à Louis XV et non à Louis XIV ?

....

....

....

8. Quel ordre le roi donne-t-il dans cette lettre ?

....

....

....

9. Quelle est la fonction du château de la Bastille ?

....

....

10. À l'aide du document 4, indiquez qui est Harrouet fils. Pourquoi est-il emprisonné ?

....

....

....

Doc. 3 Lettre de cachet[1] rédigée le 17 mai 1717 par le jeune roi

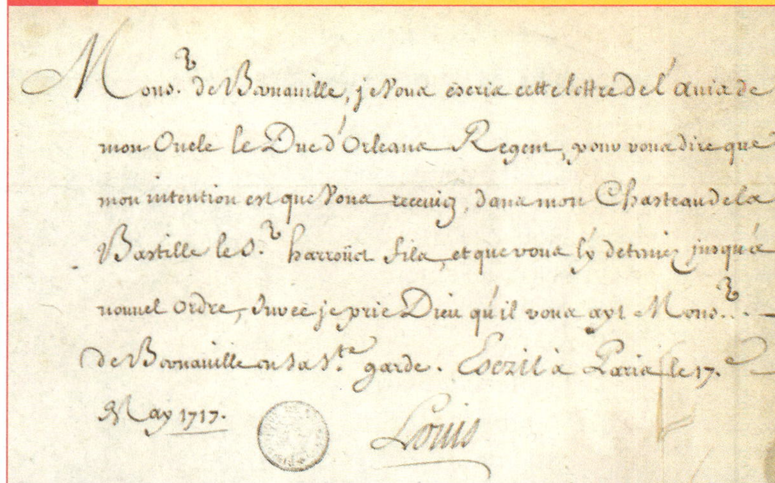
Mons. de Bernaville, je vous escris cette lettre de l'avis de mon Oncle le Duc d'Orleans Regent, pour vous dire que mon intention est que vous receviez dans mon Chasteau de la Bastille le Sr Harroüet fils, et que vous l'y deteniez jusqu'à nouvel ordre, sur ce je prie Dieu qu'il vous ait Mons. de Bernaville en sa Ste garde. Escrit à Paris le 17 May 1717.
Louis

1. Lettre close et authentifiée par le cachet personnel du roi, renfermant des ordres à exécuter en toute discrétion.

Doc. 4 François Marie Harrouet

En 1715, Louis XIV meurt. La régence du duc d'Orléans commence.

« Un jeune auteur, François Marie Harrouet [ou Arouet], est reçu à la cour de Fontainebleau. Un poème satirique[1] envers le Régent[2] l'envoie à la Bastille en 1717 où il reste onze mois. Ce même auteur, qui se fait appeler désormais Voltaire, connaît ensuite l'exil en 1719. »

D'après Béatrice Didier, *Le Siècle des Lumières*, Ma Éditions, 1987.

1. Critique
2. Personne chargée de gouverner le royaume en attendant la majorité du roi.

je m'entraîne pour le brevet

PARAGRAPHE ARGUMENTÉ

▶ **Comprendre un sujet d'histoire (2)**

Avant de rédiger un paragraphe argumenté, il faut comprendre le sujet. Pour cela, il convient d'identifier les termes importants du sujet et d'en définir le sens par rapport au sujet.

★ Les termes importants des sujets n° 1 et n° 2 sont soulignés. Expliquez-les.

Sujet n° 1 : À l'aide des documents et de vos connaissances, rédigez un paragraphe argumenté montrant qu'à partir de 1661, la France devient une monarchie absolue.

- à partir de 1661 → ....
- la France → Le royaume de France
- une monarchie absolue → ....

Sujet n° 2 : À l'aide des documents et de vos connaissances, rédigez un paragraphe argumenté montrant les pouvoirs de Louis XIV et comment il peut gouverner de façon arbitraire.

- les pouvoirs de Louis XIV → ....
- gouverner → ....
- de façon arbitraire → ....

REPÈRE CHRONOLOGIQUE

★ Reportez les dates du règne personnel de Louis XIV sur la frise chronologique, fiche 17.

L'absolutisme critiqué par les Lumières

FICHE 3

A Quelles critiques de l'absolutisme les philosophes des Lumières font-ils ?

1. À l'aide des textes, complétez le tableau suivant en répondant aux questions.

Principes de la monarchie absolue		Nouveaux principes des Lumières
Bossuet écrit en 1670 dans *Politique tirée des propres paroles de l'Écriture sainte* : « La toute puissance vient de Dieu. Les princes agissent donc comme lieutenants de Dieu sur Terre. »	**A.** Qui est à l'origine du pouvoir ?	 **Diderot** écrit en 1765 dans L'*Encyclopédie*, article « Autorité politique » : « Aucun homme n'a reçu de la nature le droit de commander aux autres. Le prince tient de ses sujets même l'autorité qu'il a sur eux. »
Louis XIV écrit en 1668 dans les *Mémoires rédigés pour l'éducation du Dauphin* : « Toute puissance, toute autorité résident dans la main du roi. »	**B.** Qui a le pouvoir de faire les lois ?	 **Rousseau** écrit en 1748 dans son ouvrage *Le Contrat social* : « [...] La puissance législative appartient au peuple et ne peut appartenir qu'à lui. »
En 1789, **la noblesse** de Montargis exprime ses vues dans un cahier de doléances : « Nous déclarons ne jamais consentir à l'extinction des droits qui ont caractérisé l'Ordre noble et que nous tenons de nos ancêtres [...]. »	**C.** Sur quoi repose l'organisation de la société ?	**Le chevalier de Joncourt** écrit dans L'*Encyclopédie* vers 1750, article « Égalité naturelle » : « L'égalité naturelle [...] est le principe et le fondement de la liberté. Tous les hommes naissent, croissent, subsistent et meurent de la même manière. »
Louis XIV révoque l'édit de Nantes en 1685 : seule la religion catholique est acceptée.	**D.** Quelle politique religieuse doit être appliquée ?	 **Voltaire** écrit en 1763 son *Traité sur la tolérance* : « [Une religion] qui tolérerait toutes les autres [...] serait capable de faire du genre humain un peuple de frères. »

B Comment les idées des Lumières sont-elles diffusées ?

2. Qu'est-ce que l'*Encyclopédie* ? Qui la dirige ?

3. De quand date la première édition de l'*Encyclopédie* ?

4. D'après la carte, qu'est-ce qui montre le succès de cette œuvre ?

....

....

....

5. Reliez chacun des autres moyens de diffusion des Lumières à sa définition.

- Une académie ▢
- Un salon ▢
- *La Gazette de France* ▢
- Un colporteur ▢
- Un café ▢

- ▢ Réunion d'écrivains, d'artistes qui se tient chez des femmes cultivées.
- ▢ Société savante dont les membres se consacrent à une spécialité, lettres, arts, sciences…
- ▢ Premier journal apparu sous Louis XIII créé par Théophraste Renaudot.
- ▢ Lieu de convivialité où des nobles et des bourgeois éclairés discutent d'idées en vogue.
- ▢ Il porte dans les campagnes des images, des extraits de livres, des journaux…

Doc. 1 La diffusion de l'*Encyclopédie*

D'après Robert Darnton, *L'Aventure de l'Encyclopédie, 1775-1800*, Seuil, (Perrin 1e éd. 1982), 1992.

je m'entraîne pour le brevet

PARAGRAPHE ARGUMENTÉ

▶ **Comprendre un sujet d'histoire (3)**

Avant de rédiger un paragraphe argumenté, il faut comprendre le sujet. Pour cela, il convient d'identifier les termes importants du sujet et d'en définir le sens par rapport au sujet.

★ Soulignez les termes importants des sujets n° 1 et n° 2. Expliquez-les.

Sujet n° 1 : **À l'aide des documents et de vos connaissances, rédigez un paragraphe argumenté montrant qu'à partir du XVIIIe siècle, la monarchie absolue est remise en cause par les Lumières.**

....	....	....	....

Sujet n° 2 : **À l'aide des documents et de vos connaissances, rédigez un paragraphe argumenté montrant que les principes des philosophes des Lumières s'opposent à la monarchie absolue.**

....	....	....

REPÈRE CHRONOLOGIQUE

★ Placez l'*Encyclopédie* sur la frise chronologique, fiche 17.

La Révolution de 1789 et ses conséquences

A Quels sont les grands événements de l'année 1789 ?

1. À quel ordre appartiennent les députés qui se proclament Assemblée nationale (doc. 1) ?

....

....

2. Que veulent-ils établir pour le royaume ?

....

....

Doc. 1 20 juin 1789, le serment du Jeu de paume

Serment prêté par les députés du tiers état qui se sont proclamés Assemblée nationale le 17 juin 1789.

« L'Assemblée nationale, considérant qu'appelée à fixer la Constitution du royaume, [...] et maintenir les vrais principes de la monarchie, rien ne peut empêcher qu'elle continue ses délibérations [...], [décide] que tous les membres de cette assemblée prêteront à l'instant serment solennel de ne jamais se séparer [...], jusqu'à ce que la Constitution du royaume soit établie. »

Doc. 2 14 juillet 1789, prise de la Bastille (gravure du XVIIIe siècle, musée Carnavalet, Paris)

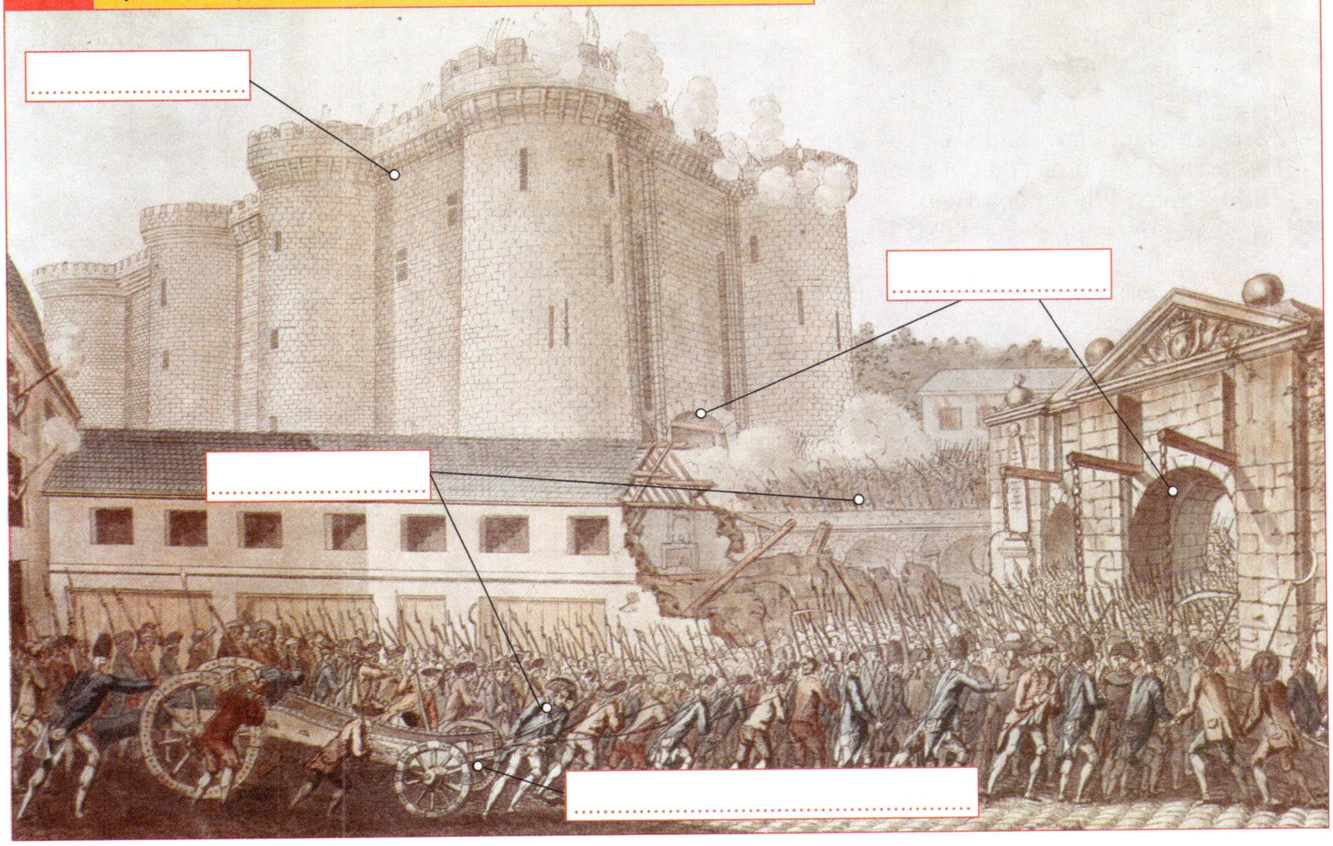

3. Sur le document 2, écrivez dans les cases les groupes de mots suivants :

- Le peuple de Paris
- Canon de la Garde nationale
- La Bastille
- Ponts-levis

4. Qu'est-ce que la Grande Peur ?

....

....

5. Sur la carte, coloriez selon la légende les régions touchées par la Grande Peur. Que constatez-vous ?

....

....

....

Doc. 3 20 juillet-6 août 1789, la Grande Peur

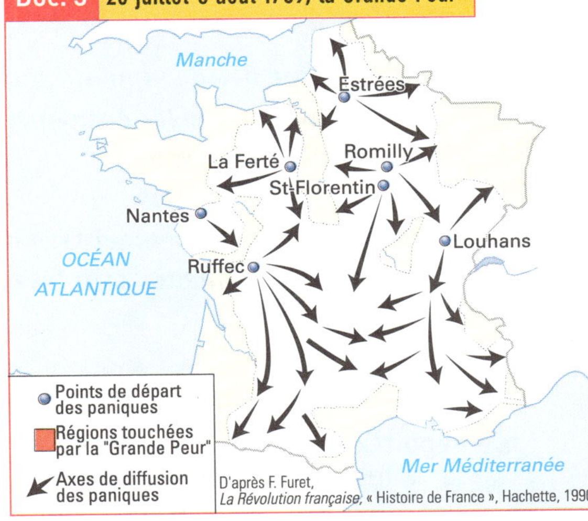

D'après F. Furet, *La Révolution française*, « Histoire de France », Hachette, 1990.

B Quelles sont les conséquences de ces événements ?

6. Sur la gravure, écrivez dans les cases le nom de la catégorie sociale représentée :
- tiers-état
- clergé
- noblesse

7. Quelle mesure adoptée par l'Assemblée nationale est symbolisée par l'action des quatre personnages ?

....

....

....

....

....

....

8. Associez chaque article de la Déclaration des droits de l'homme et du citoyen (document 5) au nouveau principe qu'elle établit.

Doc. 4 **Nuit du 4 au 5 août 1789, l'abolition des privilèges** (gravure de 1789, musée de l'Arsenal, Paris)

Doc. 5 **26 août 1789, Déclaration des droits de l'homme et du citoyen** (extraits)

« **Art. 1**. Les hommes naissent et demeurent libres et égaux en droits […].
Art. 3. Le principe de toute souveraineté réside essentiellement dans la Nation […].
Art. 11. La libre communication des pensées et des opinions est un des droits les plus précieux de l'homme : tout citoyen peut donc parler, écrire, imprimer librement […].
Art. 13. Pour l'entretien de la force publique, et pour les dépenses d'administration, une contribution commune est indispensable. Elle doit être également répartie entre tous les citoyens, en raison de leurs facultés. »

Principes nouveaux	Articles
Liberté d'expression et d'opinion	....
Égalité devant les impôts	....
Liberté et égalité de tous	....
Souveraineté nationale	....

je m'entraîne pour le brevet

PARAGRAPHE ARGUMENTÉ

▶ **Délimiter un sujet d'histoire (1)**

Après avoir distingué et expliqué les termes du sujet, il faut déterminer précisément les bornes temporelles et spatiales.

★ Dans les deux sujets proposés, encadrez en rouge les bornes temporelles et en bleu les bornes spatiales.

Sujet n° 1 : À l'aide des documents et de vos connaissances, rédigez un paragraphe argumenté montrant que les événements entre mai et août 1789 provoquent la fin de la monarchie absolue en France.

Sujet n° 2 : À l'aide des documents et de vos connaissances, rédigez un paragraphe argumenté montrant quelles sont les conséquences des événements de l'année 1789 en France.

REPÈRE CHRONOLOGIQUE

★ Reportez l'année de la prise de la Bastille et de la Déclaration des droits de l'homme et du citoyen sur la frise chronologique, fiche 17.

1793 : la République en danger

A Quels dangers menacent la République en 1793 ?

1. Comment s'appelle la nouvelle assemblée élue au suffrage universel en 1792 et que proclame-t-elle le 22 septembre ?

....

....

....

Doc. 1 La Convention nationale

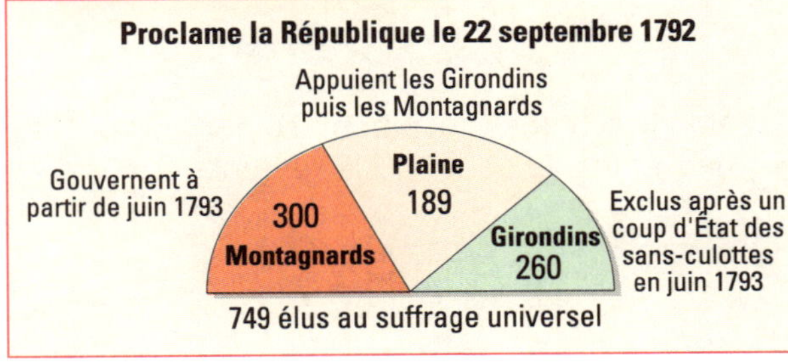

2. Louis XVI est guillotiné le 21 janvier 1793. Sur la carte, coloriez en bleu les régions royalistes qui se rebellent à l'annonce de sa mort.

3. D'après le document 1, quel groupe de députés est exclu de l'Assemblée en juin 1793 ?

....

....

....

....

4. Sur la carte, coloriez en vert les régions qui se révoltent en leur faveur.

5. D'après le document 1, quel groupe gouverne à partir de juin 1793 ?

....

....

....

6. Sur la carte, écrivez le nom de chacun des peuples coalisés contre la France républicaine.

Doc. 2 La République en danger

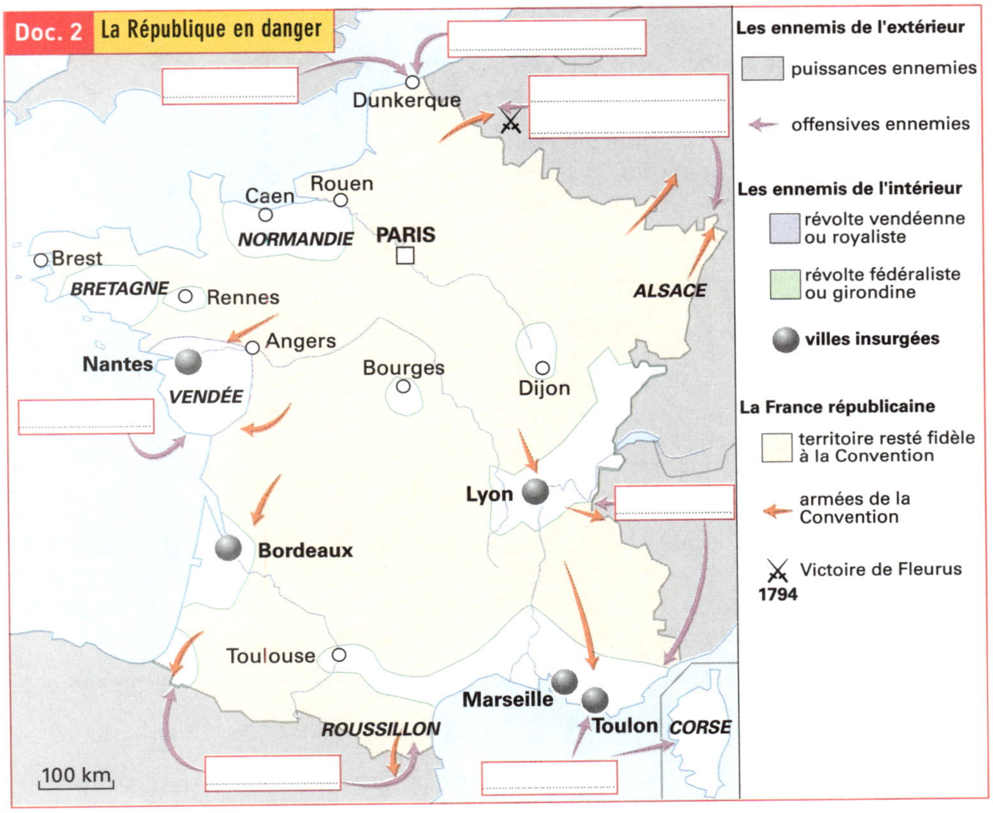

B Face à ces dangers, quelles sont les mesures prises par les Montagnards ?

7. D'après le schéma, quels sont les organes du gouvernement révolutionnaire ?

....

....

....

8. Quelle est la personnalité qui domine le Comité de salut public ? Par qui est-elle soutenue ?

....

....

....

Doc. 3 Le gouvernement révolutionnaire de Robespierre

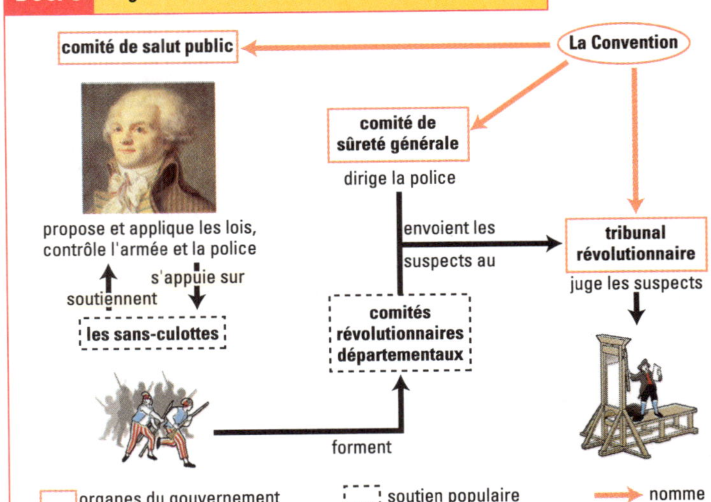

9. Écrivez le titre de chacun des textes correspondant aux mesures prises par les Montagnards :
- Terreur politique
- Terreur militaire

10. Quel est le sort réservé aux suspects ?

....

....

11. Selon le schéma (document 3), par qui sont-il jugés et quelle peut être la sentence ?

....

....

....

....

12. Soulignez dans le document 4 la mesure prise par les Montagnards pour lever une armée.

13. D'après le document 2, quelle bataille marque la victoire de la République ?

....

....

....

Doc. 4 Deux mesures du gouvernement révolutionnaire

Titre : ....

« Dès ce moment jusqu'à celui où les ennemis auront été chassés du territoire de la République, tous les Français sont en état de réquisition permanente pour le service des armées. »

Décret sur la levée en masse, 23 août 1793, (extrait).

Titre : ....

« **Art. 1.** […] Tous les gens suspects qui se trouvent dans le territoire de la République et qui sont encore en liberté seront mis en état d'arrestation. **Art. 2.** Sont réputés suspects : ceux qui […] se sont montrés partisans de la tyrannie ou du fédéralisme et ennemis de la liberté ; ceux à qui il a été refusé des certificats de civisme ; les nobles […], qui n'ont pas constamment manifesté leur attachement à la Révolution. »

Loi des suspects, décret du 17 septembre 1793 (extrait).

14. Qu'est-il reproché à Robespierre et à quelle date son pouvoir prend-il fin ?

....

....

....

....

je m'entraîne pour le brevet

PARAGRAPHE ARGUMENTÉ

▶ **Délimiter un sujet d'histoire (2)**

Après avoir distingué et expliqué les termes du sujet, il faut déterminer précisément les bornes temporelles et spatiales. Lorsque le sujet mentionne une ou des dates, il faut les associer à un événement ou à une période. À l'inverse, si les dates n'apparaissent pas, il convient de retrouver la ou les dates correspondant à l'événement ou à la période citée dans le sujet.

a Entourez dans les sujets ci-dessous les bornes temporelles en rouge et les bornes spatiales en bleu.

b Datez l'événement ou précisez la date contenue dans le sujet.

Sujet n° 1 : ***À l'aide des documents et de vos connaissances, rédigez un paragraphe argumenté montrant que de septembre 1792 à la mort de Robespierre la France républicaine est en danger.***

....

....

Sujet n° 2 : ***À l'aide des documents et de vos connaissances, rédigez un paragraphe argumenté montrant les mesures prises en France lors de la période montagnarde pour sauver la République.***

....

....

REPÈRE CHRONOLOGIQUE

★ Placez la date du début de la Ire République sur la frise chronologique, fiche 17.

L'Empire de Napoléon Iᵉʳ

FICHE 6

A Comment Napoléon Iᵉʳ gouverne-t-il la France ?

1. À quelle date et comment Napoléon prend-il le pouvoir ?

....

....

2. Quel est le nom du régime politique créé par Napoléon en 1799 ?

....

....

3. Reliez chaque grande réforme de ce régime à son objectif.

La légion d'honneur ▢	▢ Former des fonctionnaires compétents et loyaux
Le franc ▢	▢ Récompenser les serviteurs de l'État et de Napoléon
Les lycées d'État ▢	▢ Se réconcilier avec les catholiques
Le Concordat ▢	▢ Confirmer l'égalité devant la loi et le droit à la propriété
Le Code civil ▢	▢ Créer une monnaie stable

4. À quelle date Napoléon est-il sacré empereur ?

....

....

Doc. 1 Le contrôle de la population

A. Les devoirs des Français envers Napoléon Iᵉʳ

« […] Nous devons à Napoléon Iᵉʳ, notre Empereur, l'amour, le respect, l'obéissance, la fidélité, le service militaire, les tributs ordonnés pour la conservation et la défense de l'Empire et de son trône […]. »

Catéchisme impérial à destination des jeunes Français (extrait), 1806.

B. La censure de la presse

« Monsieur Fouché, […] réprimez un peu plus les journaux, faites-y mettre de bons articles, faites comprendre à leurs rédacteurs […] que le temps de la Révolution est fini, et […] que je ne souffrirai jamais que les journaux disent ou fassent rien contre mes intérêts. »

Lettre de Napoléon au ministre de la Police (extrait), 22 avril 1804.

C. Un opposant en exil contre Napoléon Iᵉʳ

« Nous ne voulons plus de ta conscription, de ta police, de ta censure, de tes fusillades nocturnes, de ta tyrannie. »

Chateaubriand, *De Buonaparte et des Bourbons* (extrait), 1814.

5. Dans le texte 1A, soulignez les devoirs des Français envers l'Empereur.

6. D'après le texte 1B, quelle est la fonction de Fouché ? Que lui ordonne Napoléon ?

....

....

7. Selon Chateaubriand (texte 1C), de quelle façon Napoléon gouverne-t-il ?

....

....

B Comment Napoléon Iᵉʳ domine-t-il l'Europe ?

8. Sur la carte, écrivez le numéro des victoires militaires qui ont permis à Napoléon Iᵉʳ de dominer l'Europe.

9. Coloriez en orange les États vassaux de l'Empire.

10. D'après la carte, comment Napoléon y diffuse-t-il les idées de la Révolution ?

....

....

....

....

....

....

11. Comment Napoléon isole-t-il l'Europe de ses ennemis ?

....

....

....

Doc. 2 L'Europe napoléonienne en 1811

- Empire français
- États vassaux placés sous l'autorité de Napoléon et de sa famille
- États alliés momentanément
- États ennemis
- Blocus continental et ses points faibles

Principales victoires de Napoléon

- 1 Austerlitz (1805)
- 2 Iéna (1806)
- 3 Wagram (1809)
- Application du Code civil

12. Où se déroule cette scène ?

....

....

....

....

13. Sur le tableau de Goya, écrivez la lettre correspondant à chaque personnage ou groupe de personnages.

14. Quel est l'événement qui a déclenché cette répression ?

....

....

....

....

....

....

....

....

Doc. 3 *Tres de Mayo* (peinture de Francisco Goya, 1814, musée du Prado, Madrid)

- **A** Soldats français prêts à tirer
- **B** Fusillés gisant à terre
- **C** Groupe sur le point d'être fusillé
- **D** Arrivée de nouveaux condamnés
- **E** Personnage incarnant la bravoure et l'innocence. Sa posture rappelle le Christ.

je m'entraîne pour le brevet

PARAGRAPHE ARGUMENTÉ

▶ **Trouver les parties d'un plan (1)**

Après avoir compris et délimité le sujet, il faut dégager le ou les thèmes qui permettront de bâtir le plan du paragraphe argumenté.

Lorsque deux thèmes sont donnés dans le sujet, le plan sera souvent composé de deux parties. Si le sujet ne présente qu'un seul thème, il faut le décomposer à l'aide de ses connaissances et des documents afin de trouver les différentes parties du paragraphe argumenté.

a Le sujet suivant aborde deux thèmes. Entourez ces deux thèmes.

Sujet n° 1 : À l'aide des documents et de vos connaissances, rédigez un paragraphe argumenté montrant comment Napoléon prend le pouvoir et comment il gouverne la France de 1799 à 1815.

b Le sujet suivant ne présente qu'un seul thème. Il est encadré. À partir des documents de la fiche, recherchez deux autres aspects de la domination napoléonienne entre 1804 et 1815.

Sujet n° 2 : À l'aide des documents et de vos connaissances, rédigez un paragraphe argumenté montrant la domination napoléonienne en Europe de 1804 à 1815.

1er aspect (1re partie)	2e aspect (2e partie)	3e aspect (3e partie)
....	....	La répression des peuples qui se soulèvent.
....	....	
....	....	

REPÈRE CHRONOLOGIQUE

★ Reportez les dates du Ier Empire sur la frise chronologique, fiche 17.

L'Europe de 1815 à 1830

A Comment se présente l'Europe des vainqueurs de Napoléon Ier ?

Doc. 1 L'Europe après le congrès de Vienne en 1815

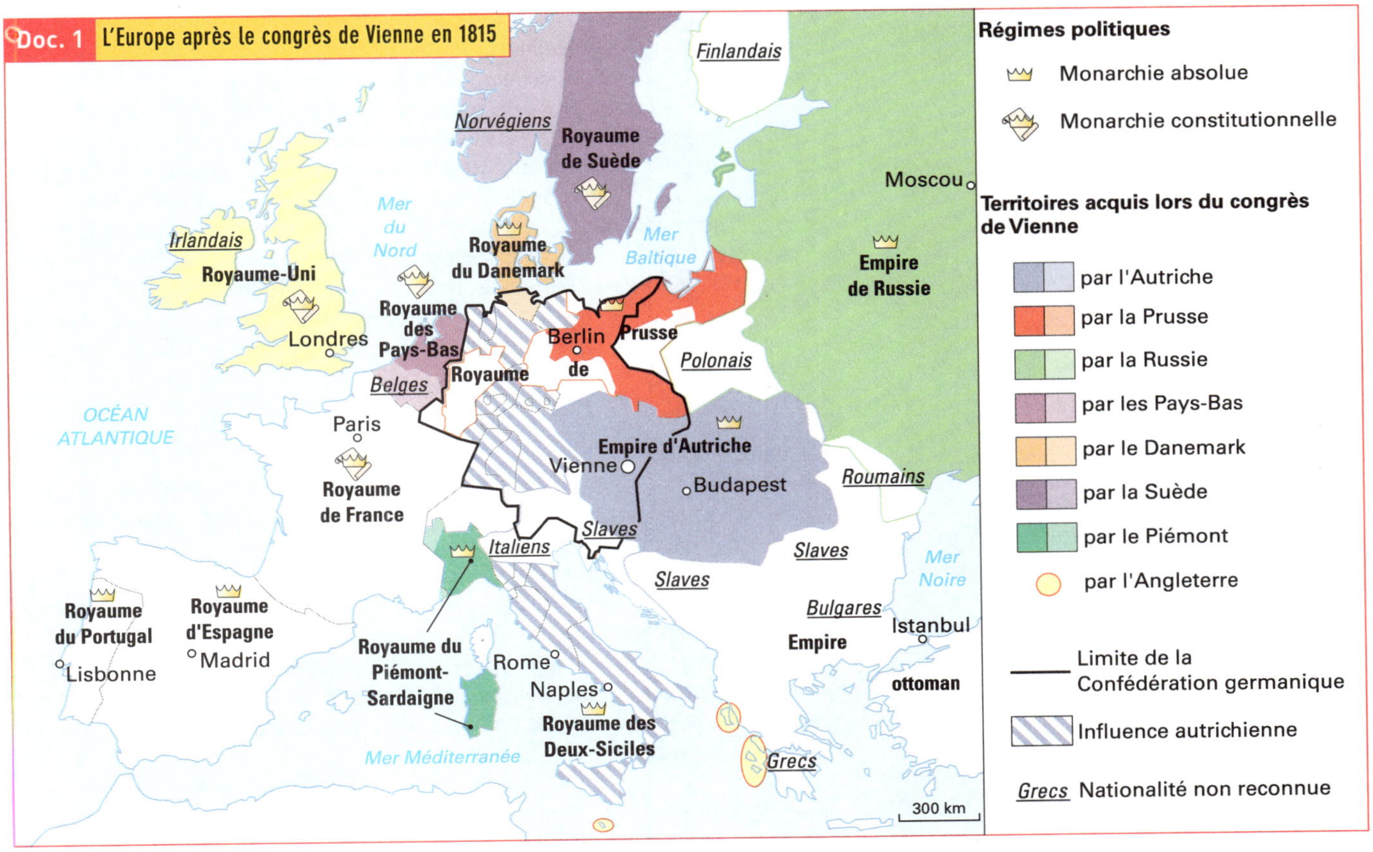

1. Où et quand Napoléon Ier est-il définitivement vaincu ?

   ....

2. Où les vainqueurs de Napoléon Ier se réunissent-ils pour décider du sort de l'Europe ?

   ....

3. Quels changements territorial et politique connaît la France à la suite du congrès de Vienne ?

   ....

4. D'après la carte, quel est le régime dominant en Europe en 1815 ?

   ....

5. Sur la carte, coloriez selon la légende les acquisitions des trois autres vainqueurs de Napoléon Ier, alliés de l'Angleterre (Autriche, Prusse, Russie).

6. D'après la carte, sur quels États l'Autriche exerce-t-elle son influence ?

   ....

7. D'après la carte, comment sont traitées les minorités nationales par les vainqueurs de Napoléon Ier ?

   ....

8. Sur le document 2, entourez ce qu'est la Sainte-Alliance et soulignez le nom des pays qui l'ont créée.
9. Contre qui la Sainte-Alliance intervient-elle ?

   ....

Doc. 2 Les interventions de la Sainte-Alliance

Alliance militaire contre-révolutionnaire créée par l'Autriche, la Prusse et la Russie (1815-1824)

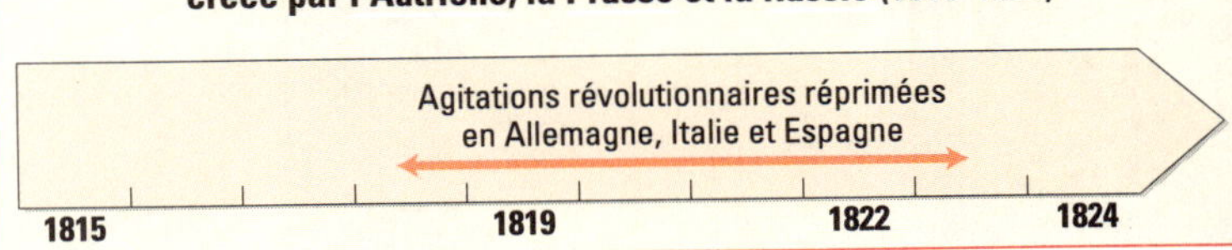

B Quelles sont les nouvelles aspirations des peuples allemand et italien ?

10. Dans le document 3A, entourez ce que veulent célébrer les étudiants allemands.

11. Soulignez les passages montrant qu'ils ont combattu Napoléon Ier pour leur liberté et qu'ils sont encore prêts à combattre pour cet idéal.

12. Comment les étudiants qualifient-ils les monarques du congrès de Vienne ?

....

....

....

13. Dans le texte 3B, soulignez la raison pour laquelle cet Italien est emprisonné en Autriche et encadrez les termes employés pour parler de son pays.

14. D'après les deux textes du document 3, quel sentiment se développe dans les États allemands et italiens après la période révolutionnaire ?

....

....

....

....

Doc. 3 L'affirmation du sentiment national

A. L'exemple allemand

« Le grand duc de Weimar avait permis aux étudiants de la plus grande partie des universités protestantes de se réunir pour célébrer […] le double anniversaire de la bataille de Leipzig[1] et de l'époque de la Réforme. […] Un jeune Westphalien prit la parole. Il rappela à ses camarades les efforts incroyables de la jeunesse allemande en 1813 et 1814 pour affranchir la patrie du joug de l'étranger. […] Mais quel a été le dénouement de cette tragédie ? "Une réunion de despotes[2], au lieu d'accorder au peuple le fruit de ses travaux, a établi un système de brigandage et d'iniquités [la monarchie absolue]. Brisons les fers de l'Allemagne et jurons de mourir plutôt que de souffrir la tyrannie !" […] Les étudiants apportèrent les Actes du congrès de Vienne […]. On alluma un grand feu, et le congrès fut jeté dans les flammes aux cris de "Vive la liberté ! Périssent les tyrans et leurs perfides ministres !" »

Lettre du comte de Bombelles, ambassadeur d'Autriche à Dresde, adressée à Metternich, le 27 octobre 1817.

1. Une grande défaite de Napoléon Ier en 1813.
2. L'étudiant parle ici du congrès de Vienne.

B. L'exemple italien

Après avoir été arrêté à Milan en 1820 à cause de ses sentiments patriotiques contre la domination autrichienne, Silvio Pellico fut condamné à 15 ans de prison dans la forteresse de Spielberg en Autriche.

« Être forcé par le sort d'abandonner sa patrie, c'est toujours malheureux, mais l'abandonner chargés de chaînes [et être] destiné à languir durant de longues années en prison, c'est une chose si déchirante qu'il n'y a point de terme pour l'exprimer.

Avant de traverser les Alpes, ma nation me devenait plus chère d'heure en heure, tant était grande la compassion que tout le monde nous témoignait. Dans chaque ville, dans chaque village, dans chaque hameau, on connaissait déjà notre condamnation depuis plusieurs semaines et l'on nous attendait […]. »

Silvio Pellico, *Mes Prisons*, 1833.

je m'entraîne pour le brevet

PARAGRAPHE ARGUMENTÉ

▶ **Trouver les parties d'un plan (2)**

Après avoir compris et délimité le sujet, il faut dégager le ou les thèmes qui permettront de bâtir le plan du paragraphe argumenté.

Lorsque deux thèmes sont donnés dans le sujet, le plan sera souvent composé de deux parties. Si le sujet ne présente qu'un seul thème, il faut le décomposer à l'aide de ses connaissances et des documents afin de trouver les différentes parties du paragraphe argumenté.

a Entourez dans le sujet suivant le(s) thème(s) abordé(s).

Sujet n° 1 : À l'aide des documents et de vos connaissances, rédigez un paragraphe argumenté montrant les conséquences territoriales et politiques du congrès de Vienne en 1815.

b Le sujet suivant ne présente qu'un seul thème. Encadrez-le. À partir des documents de la fiche, recherchez deux autres conséquences du congrès de Vienne.

Sujet n° 2 : À l'aide des documents et de vos connaissances, rédigez un paragraphe argumenté montrant comment se présente l'Europe après le congrès de Vienne en 1815.

1re partie	2e partie	3e partie
....	....	La montée des sentiments nationaux
....	....	
....	....	

La révolution industrielle au XIXe siècle

FICHE 8

A Quels changements la mécanisation entraîne-t-elle dans l'industrie textile ?

Doc. 1 La production des fils de coton (en milliers de livres)

	1830	1850	1870
Grande-Bretagne	250	588	1101
France	68	140	220
Allemagne	16	46	147

Doc. 2 Une usine textile au XIXe siècle (gravure du XIXe siècle, BNF, Paris)

A Coton brut
B Machine à filer
C Machine à tisser
D Impression des motifs
E Arbres à cames, roues et courroies transmettant le mouvement de la machine à vapeur

1. D'après le document 1, quel effet la mécanisation a-t-elle sur la production textile ?

2. Que représente le document 2 ?

3. Sur la gravure, écrivez les lettres correspondant aux éléments de la légende.

4. Soulignez dans la légende ce qui fournit l'énergie nécessaire aux machines.

5. Qui a mis au point la machine à vapeur et à quelle date ?

B Quelle révolution les transports connaissent-ils ?

Doc. 3 La révolution des transports au cours du XIXe siècle (gravure de presse britannique, 1897)

6. Sur le document 3, indiquez le moyen de transport illustré sur chaque image.

7. Qui a mis au point la première locomotive à vapeur et à quelle date ?

8. Quel progrès cela permet-il dans les transports et le commerce ?

9. Quels sont les deux grands canaux transocéaniques creusés au XIXe siècle ?

C Comment se présente l'Europe industrielle du XIXe siècle ?

10. D'après la légende de la carte, dans quel pays est née la révolution industrielle ?

....

....

....

11. Quels sont les autres grands pays industriels au milieu du XIXe siècle ?

....

....

....

....

12. Sur la carte, coloriez en rouge les régions industrielles qui se développent au XIXe siècle.

13. Soulignez dans la légende de la carte les activités industrielles qui se développent dans ces régions.

Doc. 4 L'Europe industrielle vers la fin du XIXe siècle

- Grandes régions industrielles (charbon, sidérurgie, métallurgie, industrie textile)
- Berceau de la révolution industrielle
- Pays industrialisés au milieu du XIXe siècle
- Pays s'industrialisant à la fin du XIXe siècle
- Pays faiblement industrialisés à la fin du XIXe siècle

Grandes villes industrielles
- plus de 1 million d'habitants
- de 500 000 à 1 million d'habitants

je m'entraîne pour le brevet

PARAGRAPHE ARGUMENTÉ

▶ **Bâtir un plan détaillé (1)**

Après avoir compris le sujet, délimité et trouvé les parties du plan, on peut commencer à bâtir un plan détaillé. Chaque partie doit alors être organisée en sous-parties.

★ Les thèmes du sujet sont encadrés. Ils forment les parties du paragraphe à rédiger. À l'aide des propositions suivantes, retrouvez les sous-parties du plan proposé.

Sujet : À l'aide des documents et de vos connaissances, rédigez un paragraphe argumenté montrant quels changements sont intervenus dans la production textile et dans les transports au cours de la révolution industrielle du XIXe siècle.

Sous-parties à classer
- Les nouveaux moyens de transport permettent de voyager plus vite.
- La production augmente fortement.
- La locomotive et le bateau à vapeur apparaissent.
- La production se mécanise grâce à la machine à vapeur.

1re partie : Les changements dans la production textile

A. ....

B. ....

2e partie : Les changements dans les transports

A. ....

B. ....

REPÈRE CHRONOLOGIQUE

★ Reportez la date de la mise au point de la machine à vapeur par James Watt sur la frise chronologique, fiche 17.

Capitalisme et transformations sociales

A Comment est vu le capitalisme par un grand industriel ?

1. D'après le texte, à quelle grande famille appartiennent les aciéries du Creusot ?

....

....

2. Comment s'appelle l'argent que ces familles investissent dans les usines, l'outillage et les salaires ?

....

....

3. Qu'espère retirer Henri Schneider de cet investissement ?

....

....

4. Soulignez dans le texte ce qui peut être nuisible au capitalisme selon Henri Schneider.

Doc. 1 Un capitaliste au XIXe siècle

Interview de Henri Schneider en 1897, propriétaire des aciéries du Creusot et fils du fondateur Eugène Schneider.

« **Question : Est-il indispensable que le directeur d'une usine absorbe tous les bénéfices ?**

Réponse : Pensez-vous qu'il ne faut pas de l'argent pour faire marcher une "boîte" comme celle-ci ? [...] Le capital qui alimente tous les jours les usines, les outillages perfectionnés, le capital, sans lequel rien n'est possible, qui nourrit l'ouvrier lui-même ! Ne représente-t-il donc pas une force qui doit avoir sa part de bénéfices ? [...]

Q : L'intervention de l'État ?

R : Très mauvaise ! Très mauvaise ! Je n'admets pas un préfet dans les grèves, c'est comme la réglementation du travail des femmes et des enfants, on met des entraves inutiles, trop étroites, nuisibles surtout aux intéressés qu'on veut défendre, on décourage les patrons de les employer. »

J. Huret, *Enquête sur la question sociale en Europe*, Perrin, 1897.

B Quels changements économiques le capitalisme entraîne-t-il ?

5. Dans le titre du document 2, entourez le nom de ce nouveau type de banque.

6. Écrivez sur la peinture les lettres correspondant aux catégories sociales clientes de la banque.
   - **A** Grande et moyenne bourgeoisie
   - **B** Artisans et commerçants

7. Comment les banques utilisent-elles l'argent déposé par les clients ?

....

....

....

Doc. 2 Une agence d'une banque de dépôt (tableau de J. Béraud, *Le jour d'emprunt*, XIXe siècle, collection particulière)

Doc. 3 Une action d'une société anonyme en 1847

COMPAGNIE DU CHEMIN DE FER
DE
LYON A AVIGNON
Avec embranchement sur Grenoble

CAPITAL : 150 MILLIONS DE FRANCS,
Divisé en 300,000 Actions de 500 Francs chacune.

CERTIFICAT PROVISOIRE

Série D. — Une Action. — N° 3027

N° 3027

M. Bon Desportes Félix

est inscrit sur les Registres de la Compagnie du Chemin de Fer de Lyon à Avignon, pour Une Action de CINQ CENTS FRANCS, sur laquelle il a versé cent vingt-cinq francs

Lyon le 15 Janvier 1847

Pour les Administrateurs

8. Sur le document 3, encadrez la somme investie dans cette compagnie. En combien d'actions est-elle divisée ?

....

....

9. Où ces actions peuvent-elles être achetées ou vendues ?

....

....

10. Sur le document 3, soulignez le nom donné à ce nouveau type d'entreprise.

C Quels changements sociaux le capitalisme entraîne-t-il ?

11. Quelles sont les dépenses qui absorbent la plus grande partie des revenus de la famille ouvrière ?

....

....

....

....

12. De combien les revenus de la famille bourgeoise sont-ils supérieurs à ceux de la famille ouvrière ?

....

....

....

Doc. 4 Deux budgets annuels à la fin du XIXe siècle

	Famille ouvrière composée de quatre personnes, dont un fils apprenti. Revenu annuel de 2 345 francs.	Famille bourgeoise composée de quatre personnes. Revenu annuel de 25 000 francs.
Loyer	200	3 750
Chauffage, éclairage	80	1 250
Nourriture	1 800	6 250
Vêtements, linge	265	3 250
Domestiques	-	700
Éducation des enfants	-	2 500
Santé	-	500
Loisirs et réceptions	-	3 250
Imprévus	-	1 500
Épargne et charité	-	2 050

13. Entourez les dépenses montrant le luxe de la vie bourgeoise.

14. Quelle différence constatez-vous dans la vie des enfants de ces deux familles ?

....

....

....

....

15. Comment appelle-t-on les nouvelles catégories sociales qui apparaissent entre la grande bourgeoisie et les ouvriers ?

....

....

....

....

....

je m'entraîne pour le brevet

PARAGRAPHE ARGUMENTÉ

▶ **Bâtir un plan détaillé (2)**

Après avoir compris le sujet, délimité et trouvé les parties du plan, on peut commencer à bâtir un plan détaillé. Chaque partie doit alors être organisée en sous-parties.

a Les thèmes du sujet forment les parties du paragraphe à rédiger. Encadrez-les puis écrivez le titre des parties ainsi trouvées dans le plan proposé.

b À l'aide des propositions suivantes, retrouvez les sous-parties du plan.

Sujet : À l'aide des documents et de vos connaissances, rédigez un paragraphe argumenté montrant quelles sont les conséquences économiques et sociales du capitalisme.

Sous-parties à classer

- Les banques de dépôt apparaissent.
- Une nouvelle catégorie sociale apparaît : les classes moyennes.
- Les sociétés anonymes par actions se développent.
- Les ouvriers ont des conditions de vie difficiles.

1re partie : ....

A. ....

B. ....

2e partie : ....

A. ....

B. ....

Syndicalisme et socialisme

A Comment les ouvriers défendent-ils leurs intérêts au cours du XIXᵉ siècle ?

1. Recherchez la définition de syndicat.

....

....

....

....

2. D'après la carte, dans quel pays et quand est née la première confédération syndicale ?

....

....

....

3. Dans quels pays les syndicats sont-ils les plus puissants vers 1914 ?

....

....

....

4. D'après la carte, par quel moyen d'action les ouvriers se font-ils entendre et quelle est la réaction des autorités ?

....

....

....

Doc. 1 Les syndicats en Europe vers 1914

1868 Date de création d'une confédération syndicale

Nombre d'ouvriers adhérents
- 4 000 000
- 2 500 000
- 1 000 000
- 150 000 à 500 000
- 50 000 à 150 000
- grèves violemment réprimées par l'armée ou la police

D'après G. Lefranc, *Le Syndicalisme dans le monde*, coll. « Que sais-je ? », PUF, 1969 et M. Mourre, *Dictionnaire d'histoire universelle*, Bordas, 1981.

5. Sur le document 2, entourez le nom du syndicat qui publie cette affiche.
6. Que dénonce ce syndicat ?

....

....

....

7. Quelles sont les revendications de ce syndicat ?

....

....

....

8. Sur l'affiche, écrivez dans les cases le nom des deux catégories sociales représentées.
9. Citez deux exemples d'amélioration des conditions de travail obtenues grâce au syndicalisme.

....

....

....

....

....

Doc. 2 Affiche syndicale de 1910

B Quelles sont les idées socialistes développées par Karl Marx ?

10. Quel est le nom de l'ouvrage dont est extrait le texte et quels en sont les auteurs ?

....

....

....

11. Selon les auteurs, quelles sont les deux classes qui s'opposent ?

....

....

12. Comment Marx appelle-t-il l'opposition entre les classes sociales ?

....

....

13. Pour Marx, qu'est-ce qui renforce le poids de la classe ouvrière ?

....

....

....

14. Soulignez le passage indiquant le but du parti communiste.

Doc. 3 Le *Manifeste du parti communiste*, 1848

« L'histoire de toute société jusqu'à nos jours est l'histoire de la lutte des classes. [...] La société toute entière se divise de plus en plus en deux vastes camps ennemis, en deux classes diamétralement opposées : la bourgeoisie et le prolétariat[1] [...]. Le développement de l'industrie ne fait qu'accroître le monde des prolétaires : il les concentre en masses de plus en plus importantes, leurs forces augmentent et ils en prennent davantage conscience.
Le but immédiat des communistes est le même que celui de tous les partis ouvriers : constitution des prolétaires en classe, renversement de la domination bourgeoise, conquête du pouvoir politique par le prolétariat. [...] Les communistes proclament ouvertement que leurs buts ne peuvent être atteints que par le renversement violent de l'ordre social passé[2]. [...] Les prolétaires de tous les pays n'ont rien à perdre que leurs chaînes. Ils ont un monde à gagner. Prolétaires de tous les pays, unissez-vous ! »

K. Marx et F. Engels, *Manifeste du parti communiste*, 1848.

1. La classe ouvrière
2. C'est-à-dire la révolution.

15. Comment les ouvriers doivent-ils prendre le pouvoir ?

....

....

16. Quel est le nom donné à la doctrine socialiste développée par Karl Marx ?

....

....

....

je m'entraîne pour le brevet

PARAGRAPHE ARGUMENTÉ

▶ **Bâtir un plan détaillé (3)**

Après avoir compris le sujet, délimité et trouvé les parties du plan, on peut commencer à bâtir un plan détaillé. Chaque partie doit alors être organisée en sous-parties.

a Le sujet suivant ne présente qu'un thème. Encadrez-le.

b Décomposez ce thème à l'aide des documents puis écrivez les titres des parties ainsi trouvées.

c Retrouvez les sous-parties manquantes.

Sujet : À l'aide des documents et de vos connaissances, rédigez un paragraphe argumenté montrant comment les ouvriers s'organisent pour la défense de leurs intérêts au cours du XIXe siècle.

1re partie : ....

A. ....

B. Pour défendre leurs revendications, les syndicats ont recours à la grève.

2e partie : ....

A. ....

B. Selon Marx et Engels, les ouvriers doivent s'organiser pour prendre le pouvoir par la révolution.

Les changements culturels au XIXe siècle

A Quels sont les progrès de l'instruction au XIXe siècle ?

1. À partir du document 1, montrez que le taux d'analphabètes a diminué en France au cours du XIXe siècle.

2. Qu'est-ce qui a permis cette évolution ?

Doc. 1 L'évolution du taux d'analphabètes en France de 1832 à 1900

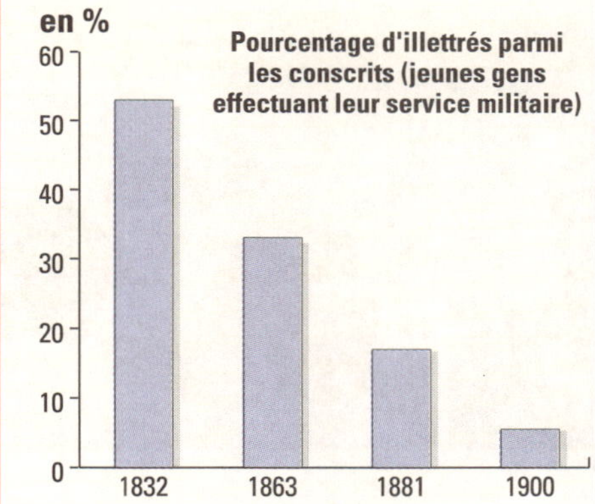

D'après P. Albertini, *L'École en France, XIXe-XXe siècles*, coll. « Carré-Histoire », Hachette, 1992.

1833
Loi Guizot : toute commune de plus de 500 habitants doit entretenir une école publique primaire pour les garçons.

1881-1882
Lois Ferry : l'école primaire devient obligatoire, laïque et publique pour les garçons et les filles.

B Quelle culture populaire a bénéficié des progrès de l'instruction ?

3. D'après le document 2A, qu'est-ce que *L'Illustration* et quelle information est diffusée ?

4. D'après le document 2B, que publie *La Vie Populaire* ?

5. D'après le document 2C, quel nouveau loisir apparaît à la fin du XIXe siècle ?

Doc. 2 Trois aspects de la culture populaire à la fin du XIXe siècle

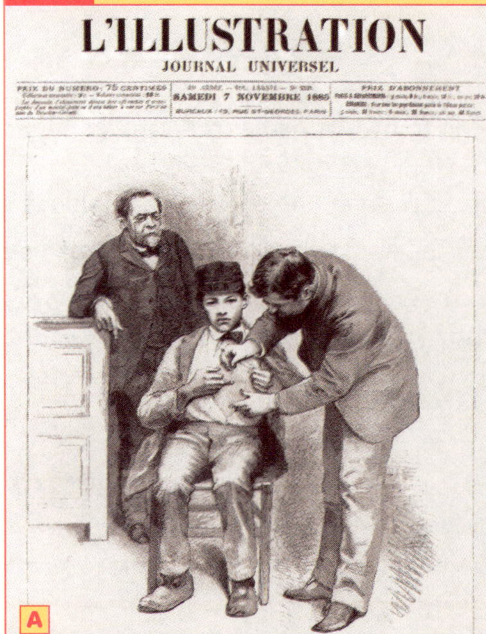

A Le journal ***L'Illustration*** (1885)
Vaccination contre la rage d'un jeune berger dans le laboratoire de Pasteur

B Un numéro de ***La Vie Populaire*** publiant une nouvelle sous forme de feuilleton (1887)

C Affiche pour ***L'Arroseur arrosé*** (1895)
Première projection au Café de Paris en 1895

C Quels sont les courants artistiques marquant la peinture au XIXᵉ siècle et au début du XXᵉ siècle ?

6. Écrivez dans le tableau sous chaque peinture le nom de l'artiste et le titre de son œuvre.

7. À l'aide des caractéristiques de chaque œuvre, écrivez à quel courant elle appartient.

Doc. 3 **Les différents courants dans la peinture du XIXᵉ siècle**

Artiste :	**Artiste :**	**Artiste :**	**Artiste :** ....
Titre :	**Titre :**	**Titre :**	**Titre :** ....
Date et lieu de conservation : 1830, musée du Louvre, Paris.	**Date et lieu de conservation :** 1855, musée des Beaux-Arts, Nantes.	**Date et lieu de conservation :** 1872, musée Marmottan, Paris.	**Date et lieu de conservation :** 1907, Museum of Modern Art, New York.
Caractéristiques : éveiller les sentiments par le contraste des couleurs et le mouvement.	**Caractéristiques :** rendre compte le plus fidèlement de la réalité et de la vie quotidienne.	**Caractéristiques :** peindre en plein air et rendre l'impression suscitée par la scène contemplée.	**Caractéristiques :** remise en cause de la perspective et utilisation de formes géométriques.
Courant :	**Courant :**	**Courant :**	**Courant :** ....

je m'entraîne pour le brevet

PARAGRAPHE ARGUMENTÉ

▶ **Bâtir un plan détaillé (4)**

Après avoir compris le sujet, délimité et trouvé les parties du plan, on peut commencer à bâtir un plan détaillé. Chaque partie doit alors être organisée en sous-parties.

a Encadrez les thèmes du sujet et complétez le titre de la 2ᵉ partie du plan proposé.

b À l'aide des documents, recherchez des arguments, c'est-à-dire des exemples, illustrant les sous-parties.

***Sujet :** À l'aide des documents et de vos connaissances, rédigez un paragraphe argumenté présentant l'essor de la culture populaire et l'évolution des courants artistiques au XIXᵉ siècle.*

1ʳᵉ partie : L'essor de la culture populaire au XIXᵉ siècle

A. Au XIXᵉ siècle, l'instruction progresse.

Doc. 1 **Argument :** En France par exemple, le taux d'analphabètes baisse fortement grâce aux lois scolaires.

B. On assiste à la naissance d'une culture populaire.

Doc. 2 **Argument :** La lecture de romans feuilletons ou de journaux populaires comme *L'Illustration* progresse.

2ᵉ partie : ....

A. La première moitié du XIXᵉ siècle est marquée par le romantisme et le réalisme.

Doc. 3 **Argument :** Peintre romantique, Delacroix veut éveiller les sentiments comme dans *La Liberté guidant le peuple* en 1830.

Doc. 3 **Argument :** ....

B. Dans la deuxième moitié du XIXᵉ siècle et au début du XXᵉ siècle, l'impressionnisme et le cubisme marquent un grand tournant.

Doc. 3 **Argument :** ....
....

Doc. 3 **Argument :** ....
....

REPÈRE CHRONOLOGIQUE

★ Reportez la date de la découverte de la vaccination contre la rage par Pasteur sur la frise chronologique, fiche 17.

Les unités italienne et allemande

FICHE **12**

A Comment et quand l'Italie réalise-t-elle son unité nationale ?

Doc. 1 La France soutient le Piémont contre l'Autriche

Premier ministre du Piémont, Cavour rencontre secrètement Napoléon III en 1858.

« Dès que je suis entré dans le bureau de l'empereur [Napoléon III], il a commencé par dire qu'il avait décidé de soutenir le Piémont de tout son pouvoir contre l'Autriche. L'empereur a convenu qu'il était nécessaire de chasser les Autrichiens d'Italie une fois pour toutes et de ne leur laisser aucun pouce de territoire au sud des Alpes. Après avoir établi le destin de l'Italie, l'empereur m'a demandé ce que la France obtiendrait et si votre majesté [Victor-Emmanuel II] cèderait la Savoie et le comté de Nice. »

Lettre de Cavour au roi du Piémont, juillet 1858.

Doc. 2 L'unité italienne (1859-1871)

1. Dans le document 1, entourez la fonction occupée par Cavour.
2. Dans le texte, soulignez le but de l'alliance militaire entre le Piémont et la France.
3. D'après la carte, quelles sont les deux victoires franco-piémontaises permettant de réaliser cet objectif ?

....

....

....

4. Qui est Garibaldi et quelle action mène-t-il ?

....

....

....

5. Complétez sur la carte les étapes de l'unité italienne en respectant la légende.
6. Coloriez les territoires obtenus par la France en échange de son aide.
7. Quelle ville devient la capitale de l'Italie en 1871 ?

....

....

B Comment et quand l'Allemagne réalise-t-elle son unité nationale ?

8. Dans le document 3, entourez la fonction occupée par Bismarck.
9. D'après les documents 3 et 4, contre quels pays et grâce à quelles victoires militaires Bismarck réalise-t-il l'unité allemande ?

a) .... est battue à .... en ....

b) .... est battue à .... en ....

Doc. 3 Deux extraits de discours de Bismarck

Bismarck est chancelier du roi Guillaume Ier de Prusse en 1862.

A. Sur l'Autriche en 1864 : « Il n'y a pas de place pour deux en Allemagne. Je veux abattre l'Autriche. Je veux relever la Prusse et lui donner en Allemagne la situation prépondérante qui lui revient de droit. La monarchie autrichienne est fort peu allemande. »

B. Sur la France après 1871 : « La guerre avec la France était la seule méthode pour combler l'abîme creusé au cours de l'histoire entre le sud et le nord de la patrie. »

Bismarck, *Discours*.

10. En respectant la légende de la carte, coloriez les deux étapes de l'unité allemande.

11. Où et quand Guillaume Ier est-il proclamé empereur d'Allemagne ?

....

....

....

....

....

12. Quels territoires français sont annexés par l'Allemagne ?

....

....

....

Doc. 4 L'unité allemande (1862-1871)

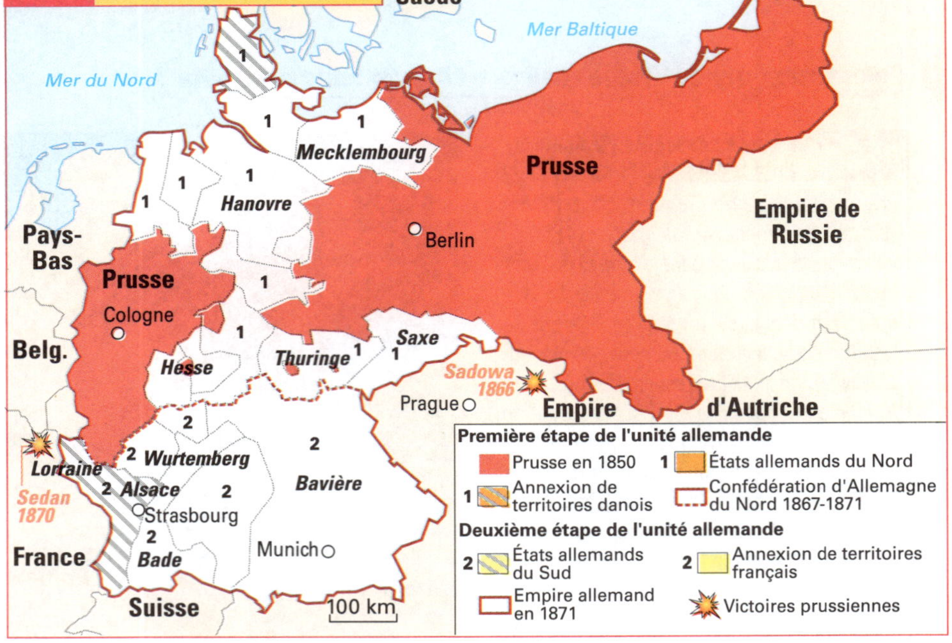

je m'entraîne pour le brevet

PARAGRAPHE ARGUMENTÉ

▶ **Bâtir un plan détaillé (5)**

Après avoir compris le sujet, délimité et trouvé les parties du plan, on peut commencer à bâtir un plan détaillé. Chaque partie doit alors être organisée en sous-parties.

★ Le sujet suivant présente deux parties bien distinctes. Sur le modèle de la première partie proposée, organisez la deuxième partie à l'aide des documents et de vos réponses (sous-parties et arguments).

Sujet : À l'aide des documents et de vos connaissances, rédigez un paragraphe argumenté présentant les étapes de l'unité italienne et de l'unité allemande au cours de la deuxième moitié du XIXe siècle.

1re partie : L'unité italienne est réalisée entre 1859 et 1871.

A. À partir de 1858, le premier ministre du Piémont, Cavour, réalise l'unité de l'Italie contre l'Autriche.

Doc. 1 **Argument :** En 1858, il obtient l'alliance de la France contre l'Autriche.

Doc. 2 **Argument :** L'Autriche est battue à Magenta et à Solférino en 1859. L'Italie annexe la Lombardie.

B. Les étapes de l'unité italienne de 1861 à 1871

Doc. 2 **Argument :** En 1861, les États du Centre puis Naples sont annexés grâce à Garibaldi.

Doc. 2 **Argument :** En 1866, la Vénétie est annexée, puis Rome devient la capitale de l'Italie en 1871.

2e partie : ....

A. ....

Doc. 3 **Argument :** ....

....

Doc. 4 **Argument :** ....

....

B. ....

Doc. 3 **Argument :** ....

....

Doc. 4 **Argument :** ....

....

La colonisation au XIXᵉ siècle

A Quels sont les grands empires coloniaux à la fin du XIXᵉ siècle ?

1. D'après la carte, combien d'Européens ont quitté l'Europe au cours du XIXᵉ siècle ?

....

....

2. Quels sont les deux pays vers lesquels l'émigration européenne est la plus importante ?

....

....

3. Quels sont les deux pays ayant le plus vaste empire colonial ?

....

....

....

4. Quel est le continent le plus colonisé ?

....

Doc. 1 Les empires coloniaux en 1914

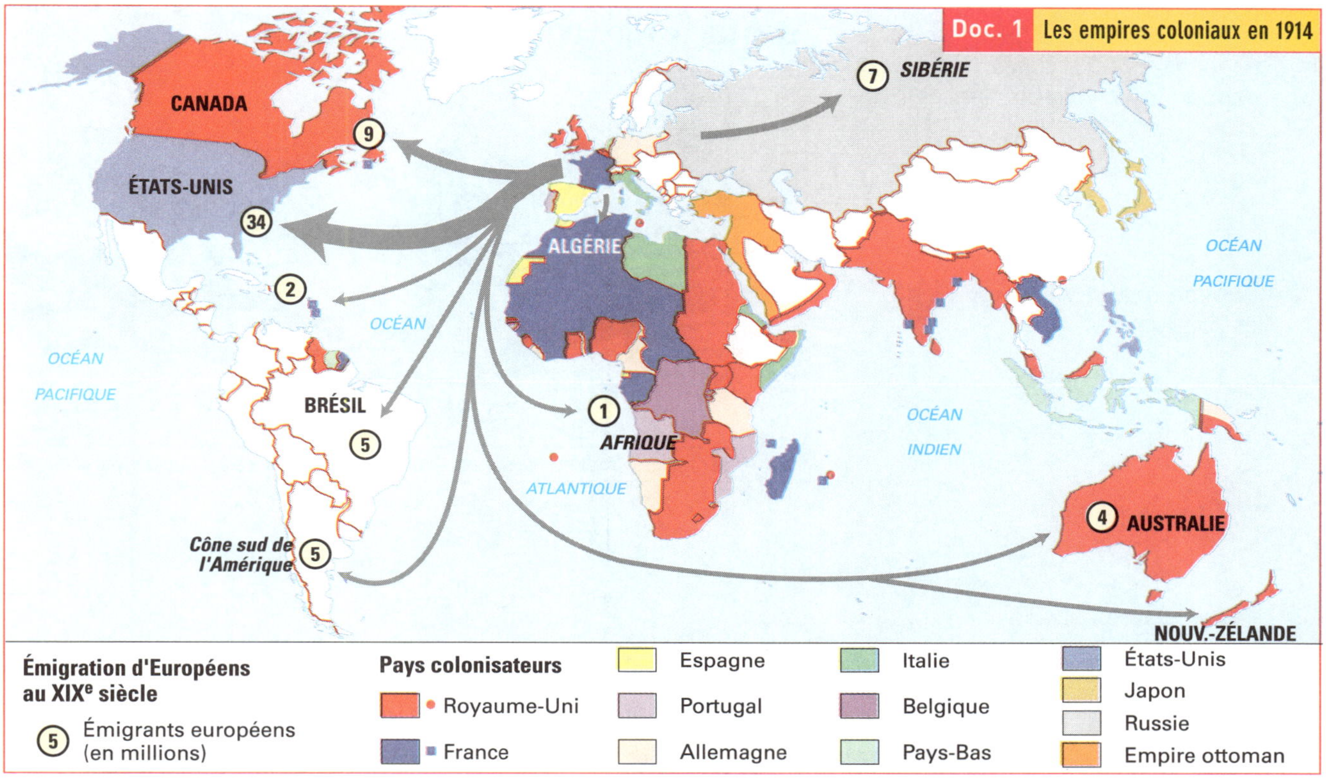

B Comment Jules Ferry justifie-t-il la colonisation ?

5. Dans ce texte (document 2), Jules Ferry défend la colonisation. Écrivez devant chaque argument le numéro de l'extrait qui lui correspond.

6. Soulignez les deux arguments qui, d'après Jules Ferry, montrent l'intérêt économique de la colonisation.

7. Selon Jules Ferry, au nom de quel droit les Européens colonisent-ils le monde ?

....

....

....

Doc. 2 Les raisons de la colonisation selon Jules Ferry

1. « La forme première de la colonisation c'est celle qui offre un asile et du travail au surcroît de population. »
2. « Les colonies sont, pour les pays riches, un placement en capitaux des plus avantageux [...]. »
3. « Pour les pays voués par la nature de leur industrie à une grande exportation, comme la nôtre, [...] la fondation d'une colonie, c'est la création d'un débouché [...]. »
4. « Il y a un second point [...] c'est le côté humanitaire et civilisateur. Il faut dire ouvertement que les races supérieures ont un droit vis-à-vis des races inférieures. Elles ont le devoir de civiliser les races inférieures. [...] »

Jules Ferry, extraits d'un discours à la Chambre des députés, 1885.

Arguments	Extraits n°
Placement financier	....
Colonies de peuplement	....
Mission civilisatrice	....
Débouché économique	....

C Quelles sont les conséquences de la colonisation ?

8. D'après le document 3, quels aspects de la colonisation sont montrés ?

A ....

B ....

9. Sur la caricature (document 4), écrivez le numéro correspondant au pays représenté :

1 Le sultan du Maroc
2 La France républicaine
3 L'empereur d'Allemagne
4 Le roi d'Angleterre
5 Le roi d'Espagne

10. Quel pays les puissances européennes se disputent-elles ?

....

....

....

11. À quoi de telles rivalités peuvent-elles conduire ?

....

....

....

Doc. 3 Deux aspects de la colonisation

A Une école française au Sénégal en 1886

B Travail forcé d'indigènes pour la construction d'une ligne de chemin de fer au Dahomey en 1900

Doc. 4 Des rivalités coloniales

Dessin de presse humoristique sur les rivalités européennes à propos du Maroc en 1906

je m'entraîne pour le brevet

PARAGRAPHE ARGUMENTÉ

▶ **Utiliser des connecteurs logiques (1)**

Pour rédiger un paragraphe argumenté, on introduit les arguments en utilisant des connecteurs logiques.

★ À partir de la liste de connecteurs logiques proposée, complétez le paragraphe argumenté ci-dessous.

d'abord • ainsi • notamment • ensuite • comme • enfin • en effet • par exemple

Sujet : À l'aide des documents et de vos connaissances, rédigez un paragraphe argumenté montrant les causes et les conséquences de la colonisation.

Au cours du XIXe siècle, les Européens ont bâti de grands empires coloniaux dans le monde. ...., l'Afrique a été partagée entre différents pays d'Europe, ... le Royaume-Uni et la France qui se sont taillés les deux plus vastes empires.

Pour justifier la colonisation, les Européens avancent plusieurs arguments. Ainsi Jules Ferry évoque .... l'argument démographique : créer des colonies de peuplement ; .... il avance l'argument économique et financier : assurer des débouchés aux produits industriels et aux capitaux. ...., il pense que les Européens sont investis de la mission de civiliser des peuples qu'ils jugent inférieurs.

Pour les peuples colonisés, la colonisation a différentes conséquences. ...., si les Européens ont apporté l'instruction et la vaccination, ils ont également imposé le travail forcé (ou corvées) .... lors de la construction de voies ferrées. La course aux colonies entraîne les pays colonisateurs dans de fortes rivalités, ... au Maroc en 1906 où Britanniques, Espagnols, Français et Allemands sont au bord de la guerre.

La France, entre monarchie et République (1815-1852)

A Pourquoi la restauration de la monarchie est-elle un échec ?

1. Dans le document 1, soulignez le nom du roi qui restaure la monarchie et accorde cette Charte (Constitution).

2. Comment s'appelle ce type de monarchie ?

....

....

....

3. À la mort de Louis XVIII en 1826, Charles X lui succède. Quel est leur lien de parenté ?

....

....

Doc. 1 La Charte de 1814

« **Art. 1.** Les Français sont égaux devant la loi [...].
Art. 8. Les Français ont le droit de publier et de faire imprimer leurs opinions [...].
Art. 13. La personne du roi est inviolable et sacrée. Au roi seul appartient la puissance exécutive.
Art. 18. Toute la loi doit être discutée et votée librement par la majorité de chacune des deux chambres.
Art. 40. Sont électeurs tous les sujets payant une contribution directe de trois cent francs, et âgés d'au moins trente ans.
Art. 50. Le roi [...] peut dissoudre la Chambre des députés mais il doit en convoquer une nouvelle dans le délai de trois mois. »

Extraits de la Charte octroyée par Louis XVIII en 1814.

Doc. 2 Les ordonnances de Charles X

Pour réduire l'opposition libérale à la Chambre des députés, Charles X veut de nouvelles élections dans des conditions favorables à ses partisans.

« **1.** Autorisation préalable désormais nécessaire à toute publication [suppression de la liberté de la presse].
2. Dissolution de la Chambre des députés [la seconde fois en 70 jours].
3. Modification de la loi électorale : seule la contribution foncière sera prise en compte pour la fixation du cens électoral, les préfets établiront seuls la liste des électeurs qui sera publiée cinq jours avant les élections, les votes auront lieu à bulletin ouvert.
4. Date des nouvelles élections, les 6 et 13 septembre. »

Charles X, ordonnances écrites le 25 juillet 1830, publiées le 26 juillet 1830.

4. En confrontant les documents 1 et 2, entourez le numéro des articles de la Charte violés par Charles X puis soulignez l'ordonnance qui montre que le roi ne respecte pas le vote des électeurs.

5. Quel événement ces ordonnances provoquent-elles en 1830 et que devient Charles X ?

....

....

....

....

6. Quel est le nom du nouveau régime et quel roi le dirige ?

....

....

....

7. D'après le document 3, quel courant politique s'oppose à ce régime ?

....

....

....

8. Entourez dans le document 3 l'interdiction que les républicains contournent en organisant des banquets. Que réclament-ils ?

....

....

....

9. Soulignez l'événement qui déclenche la révolution de février 1848.

10. Quel nouveau régime est alors proclamé ?

....

....

Doc. 3 La révolution de 1848 vue de Lille

Fin 1847 et début 1848, des repas agrémentés de discours sont organisés par ceux qui réclament une extension du droit de vote malgré l'interdiction des réunions politiques.

« Les banquets réformistes[1] faisaient alors leur tour de France, [...] le gouvernement qui ne voulait pas absolument donner satisfaction au vœu populaire, prit l'imprudente résolution d'en interdire la tenue. Le 22 février 1848, le banquet réformiste du douzième arrondissement de Paris fut empêché par la force, et le 24 au soir, le trône de Louis-Philippe était brûlé sur la place du Carrousel ! [...]
Cette révolution serait venue tôt ou tard, nous le savons bien, mais enfin ceux qui voudront être sincères, conviendront que la brusque apparition de la République les a tout d'abord surpris quelque peu... »

Henri Brunel, *Histoire populaire de Lille*, 1848.

1. Républicains

B Quelles sont les réalisations de la IIe République ?

11. Dans le tableau suivant, précisez pour chaque mesure prise sous la IIe République s'il s'agit de :
- **A** mesures prises en faveur des ouvriers.
- **B** mesures rétablissant les principes de la République.
- **C** mesures établissant de nouveaux droits de l'homme.

Les premières mesures prises par le gouvernement provisoire de la IIe République en 1848	Mesures
• **25 février** Proclamation du droit au travail	....
• **26 février** Adoption du drapeau tricolore et de la devise « Liberté, Égalité, Fraternité »	....
• **26 février** Abolition de la peine de mort en matière politique	....
• **4 mars** Liberté totale de presse et de réunion	....
• **5 mars** Institution du suffrage universel masculin (21 ans)	....
• **6 mars** Mise en place des Ateliers nationaux pour les chômeurs	....
• **27 avril** Abolition de l'esclavage dans les colonies	....

12. Qui est élu président de la IIe République en décembre 1848 ?

....

....

....

13. Quand et comment met-il fin à la IIe République ?

....

....

....

je m'entraîne pour le brevet

PARAGRAPHE ARGUMENTÉ

▶ Utiliser des connecteurs logiques (2)

Pour rédiger un paragraphe argumenté, on introduit les arguments en utilisant des connecteurs logiques.

★ À partir de la liste de connecteurs logiques proposée, complétez le paragraphe argumenté ci-dessous.

mais • dès lors • cependant • aussi • en effet • c'est pourquoi • comme • ainsi

Sujet : À l'aide des documents et de vos connaissances, rédigez un paragraphe argumenté expliquant l'échec de la monarchie constitutionnelle (1815-1848).

La monarchie constitutionnelle est restaurée en France par Louis XVIII. Il accorde une Charte, compromis entre monarchie et acquis de la Révolution française, qui met en place des garanties, ... les libertés et les droits du Parlement. ...., Charles X viole la Charte en 1830. ...., il supprime par ordonnance la liberté de la presse, dissout la Chambre des députés, et fixe de nouvelles règles électorales et de nouvelles élections. .... les Parisiens se révoltent les 27-28 et 29 juillet 1830, obligeant Charles X à quitter le pouvoir. Louis-Philippe Ier lui succède : c'est la monarchie de Juillet.

En février 1848, Louis-Philippe Ier s'inquiète des progrès des républicains. Ces derniers réclament .... une extension du droit de vote. ...., pour limiter leur influence, il interdit un de leurs banquets électoraux. .... une nouvelle révolution éclate à Paris : la monarchie de Juillet est renversée. ...., la IIe République est proclamée.

REPÈRE CHRONOLOGIQUE

★ Reportez les dates de la monarchie constitutionnelle et de la proclamation de la IIe République sur la frise chronologique, fiche 17.

Le Second Empire (1852-1870)

FICHE 15

A Quelle est l'évolution politique de l'Empire de Napoléon III ?

1. Quand Louis Napoléon Bonaparte est-il sacré empereur ?

....

....

2. D'après le document 1, quels sont les pouvoirs de Napoléon III ?

....

....

....

....

3. De quelle manière l'empereur cherche-t-il à contrôler le suffrage universel ?

....

....

Doc. 1 La Constitution du Second Empire (1852)

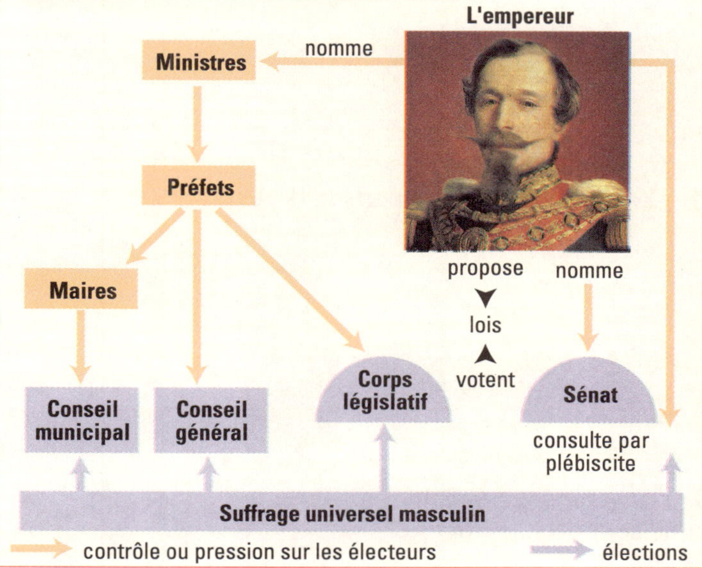

Doc. 2 Un Empire autoritaire

A. Le système des candidatures officielles

« Le suffrage est libre. Mais, afin que la bonne foi des populations ne puisse être trompée [...] désignez hautement, comme dans les élections précédentes, les candidats qui inspirent le plus confiance au Gouvernement. »

Adresse du ministre de l'Intérieur Victor de Persigny aux préfets, 11 février 1852.

B. Le contrôle de la presse

« Tout journal traitant de matière politique ou d'économie sociale [...] ne pourra être créé sans autorisation du gouvernement. Un journal peut être suspendu par une décision ministérielle, après deux avertissements. »

Décret du 17 février 1852.

4. D'après le texte 2A, par qui les candidats aux élections sont-ils désignés ?

....

....

5. Comment s'appelle ce système ?

....

....

6. Dans le texte 2B, soulignez les moyens permettant à l'empereur de contrôler la presse.

7. Après 1860, l'Empire devient plus libéral. Quelles libertés l'empereur accorde-t-il aux Français ?

....

....

8. D'après le document 3, quelle est la conséquence de ces mesures pour l'opposition ? Pourquoi le régime impérial n'est-il pas menacé ?

....

....

....

....

9. Quel événement met fin au Second Empire et à quelle date ?

....

....

Doc. 3 L'évolution des votes sous le Second Empire

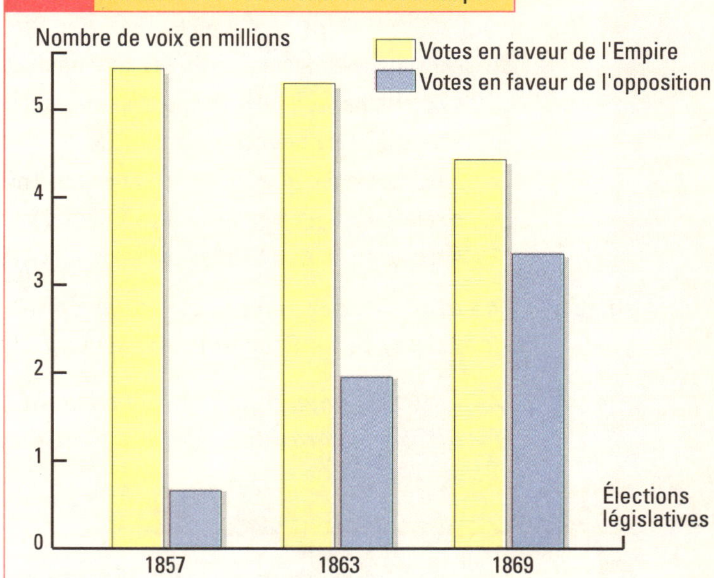

D'après P. Milza, *Napoléon III*, Perrin, 2004.

B Quelles sont les réalisations du Second Empire ?

10. D'après la carte, quel élément montre l'essor de l'industrie sous le Second Empire ?

....

....

....

....

....

11. Quels moyens de transports se développent ?

....

....

....

....

....

12. Quels aménagements favorisent le commerce maritime ?

....

....

....

....

....

13. Soulignez dans la légende les grands travaux réalisés sous le Second Empire.

Doc. 4 Les réalisations du Second Empire

je m'entraîne pour le brevet

PARAGRAPHE ARGUMENTÉ

▶ **Rédiger un paragraphe argumenté (1)**

★ Appliquez les étapes de la méthode de rédaction d'un paragraphe argumenté aux sujets proposés.

1. **Je distingue et définis les termes importants du sujet.**
2. **Je détermine les limites temporelles et spatiales du sujet.**
3. **Je trouve les parties composant le plan.**
4. **J'organise la réponse à rédiger en deux ou trois parties.**
5. **Je sélectionne les arguments à partir des documents.**
6. **Je rédige en soignant l'argumentation avec des connecteurs logiques.**

Sujet n° 1 : À l'aide des documents et de vos connaissances, rédigez un paragraphe argumenté montrant l'établissement du Second Empire et son évolution (1852-1870).

Sujet n° 2 : À l'aide des documents et de vos connaissances, rédigez un paragraphe argumenté montrant les grandes réalisations du Second Empire (1852-1870).

REPÈRE CHRONOLOGIQUE

★ Reportez les dates du Second Empire sur la frise chronologique, fiche 17.

La Troisième République de 1870 à 1914

FICHE 16

A Comment la Troisième République s'installe-t-elle durablement ?

1. Quand la Troisième République est-elle proclamée ?

....

....

2. D'après le document 1, pourquoi les monarchistes gagnent-ils les élections en 1871 ?

....

....

....

3. À l'annonce de la paix, comment les Parisiens réagissent-ils ?

....

....

....

4. D'après le document 1, qu'est-ce qui divise les monarchistes et les empêche de rétablir la monarchie ?

....

....

....

....

5. Sur le document 2, entourez l'élément indiquant que le parlement a un pouvoir important.

6. Quelle personne le président de la République nomme-t-il pour diriger le pays ?

....

....

7. D'après le document 3, qu'est-ce qui montre la victoire écrasante des républicains aux élections de 1881 ?

....

....

....

8. Dans le tableau suivant, précisez pour chaque mesure républicaine si elle est symbolique, démocratique ou laïque.

Doc. 1 1871 : pour ou contre la paix avec les Prussiens

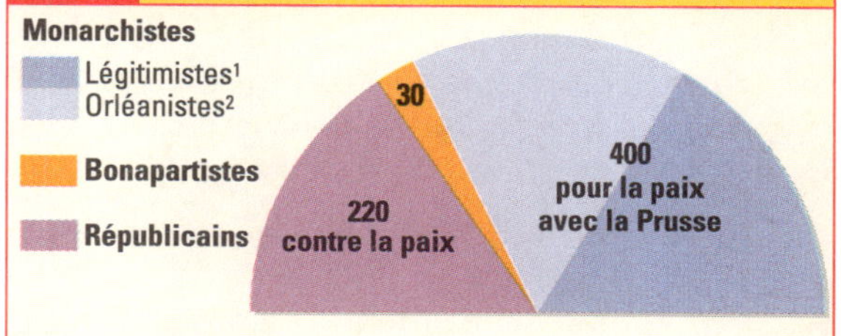

[1] Légitimistes : favorables à l'héritier de Charles X
[2] Orléanistes : favorables à l'héritier de Louis-Philippe Ier

Doc. 2 La Constitution de la Troisième République

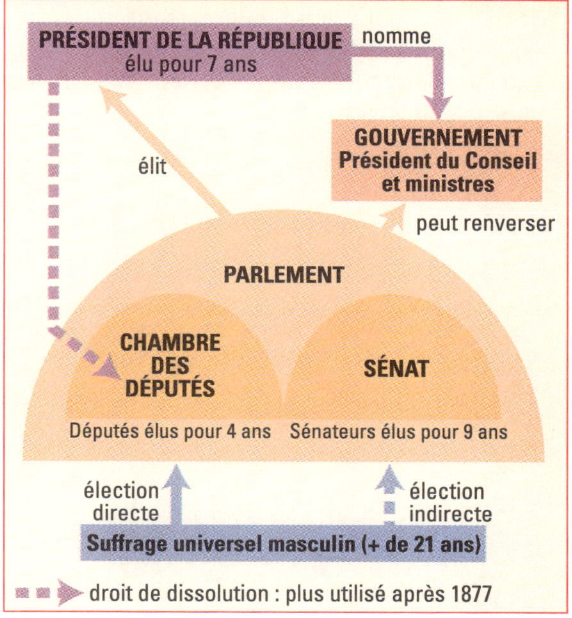

Doc. 3 La victoire des républicains aux élections de 1881

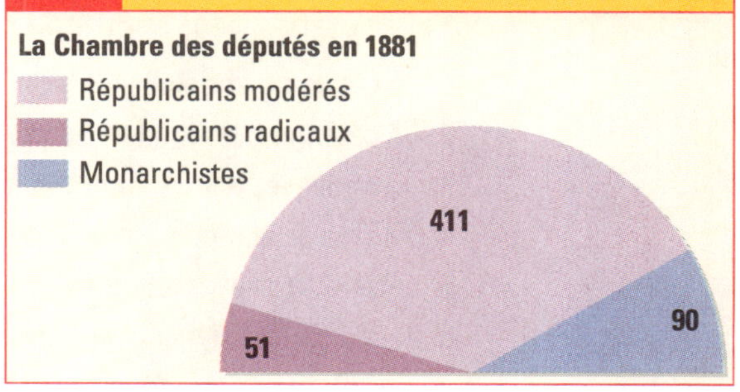

Les grandes mesures républicaines	Mesures
• **1879** La Marseillaise devient l'hymne national.	....
• **1880** Le 14 juillet devient fête nationale.	....
• **1881** Les libertés de presse et de réunion sont rétablies.	....
• **1881-1882** L'école primaire publique devient gratuite et obligatoire puis laïque en 1886.	....
• **1884** Les syndicats ont le droit de se réunir.	....
• **1905** La République proclame la loi de séparation de l'Église et de l'État.	....

B Quelles crises la IIIe République surmonte-t-elle ?

Doc. 4 **Le général Boulanger**

« Le général Boulanger acquiert une immense popularité comme ministre de la Guerre mais il est écarté du pouvoir en 1887. Il rassemble alors sur son nom un puissant mouvement de protestation antiparlementaire. Élu à Paris en janvier 1889, il est pressé par ses amis de marcher sur l'Élysée. Mais, menacé par le ministre de l'Intérieur, il choisit l'exil quelques semaines plus tard. Il se suicide en 1891 sur la tombe de sa maîtresse. »

D'après « Figures de l'extrême droite », *L'Histoire*, mars 1998.

Doc. 5 **La crise boulangiste**

9. Dans le texte (document 4), entourez le mot signifiant l'hostilité à l'égard du Parlement de la IIIe République.

10. Écrivez sur la caricature le nom des deux personnages représentés, puis soulignez ce que le caricaturiste fait dire au général.

11. Soulignez dans le texte le passage montrant que la République a été menacée en 1889.
De quelle manière cette menace est-elle représentée sur la caricature ?

....

....

....

12. À quelle autre grave crise antirépublicaine et antisémite la IIIe République a-t-elle été confrontée entre 1894 et 1899 ?

....

....

je m'entraîne pour le brevet

PARAGRAPHE ARGUMENTÉ

▶ Rédiger un paragraphe argumenté (2)

★ Appliquez les étapes de la méthode de rédaction d'un paragraphe argumenté aux sujets proposés.

1. **Je distingue et définis les termes importants du sujet.**
2. **Je détermine les limites temporelles et spatiales du sujet.**
3. **Je trouve les parties composant le plan.**
4. **J'organise la réponse à rédiger en deux ou trois parties.**
5. **Je sélectionne les arguments à partir des documents.**
6. **Je rédige en soignant l'argumentation avec des connecteurs logiques.**

Sujet n° 1 : À l'aide des documents et de vos connaissances, rédigez un paragraphe argumenté montrant la naissance de la IIIe République, son fonctionnement et ses grandes réalisations de 1871 à 1914.

Sujet n° 2 : À l'aide des documents et de vos connaissances, rédigez un paragraphe argumenté montrant que la IIIe République (1871-1914) a fait de grandes réformes et a surmonté de graves crises.

REPÈRE CHRONOLOGIQUE

★ Reportez les dates de la Troisième République et de l'affaire Dreyfus sur la frise chronologique, fiche 17.

Les repères chronologiques

FICHE 17

Complétez la frise chronologique en fonction des consignes données dans la rubrique **REPÈRE CHRONOLOGIQUE** des fiches d'histoire (1 à 16).

Première édition de l'*Encyclopédie*

1600 — 1650 — 1700 — 1750

MONARCHIE ABSOLUE

Règne personnel de Louis XIV

........-........

10 ans

....

....

....

....

1800 — 1850 — 1900

Ire République

Consulat

Premier Empire

Monarchie constitutionnelle

........-........

IIe République

Second Empire

Troisième République

........-........

....

....

....

....

Le peuplement européen

A Comment la population des États européens est-elle répartie ?

Doc. 1 Population et États en Europe

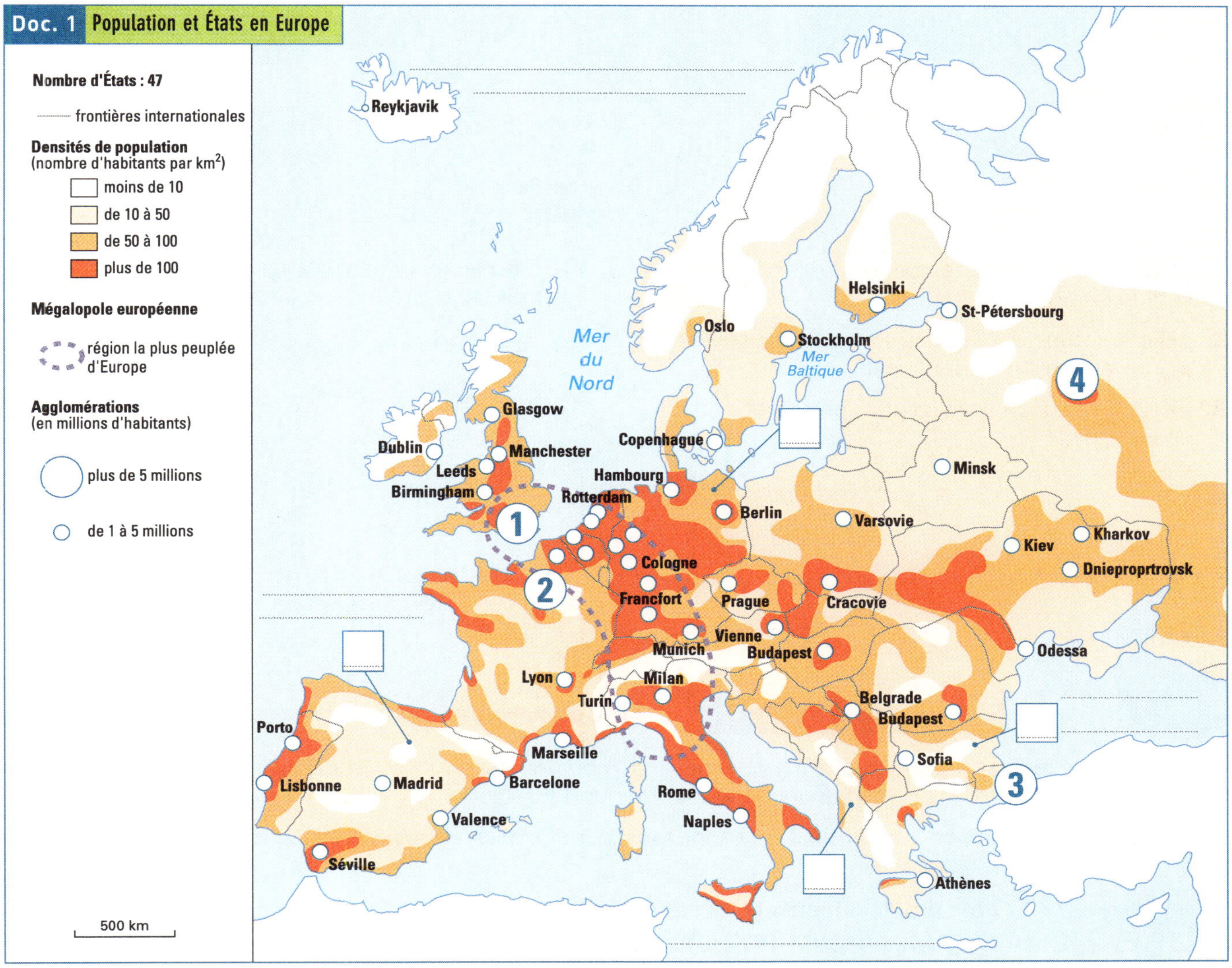

1. Écrivez sur la carte le nom des océans et des mers qui bordent l'Europe.

2. Dans quelle direction l'Europe semble-t-elle difficile à délimiter ? Cochez la bonne case.
❑ Nord ❑ Ouest ❑ Sud ❑ Est

3. Entourez dans la légende de la carte le nombre d'États que compte l'Europe.

4. Localisez les pays suivants sur la carte.
A Albanie
C Bulgarie
B Allemagne
D Espagne

5. Associez chacun de ces États à sa superficie.

États	Superficie (en km²)
....	505 000
....	357 000
....	111 000
....	28 550

6. L'Europe est le troisième foyer de population mondial, combien d'habitants compte-t-elle ?

....

....

7. Sur la carte, repassez en noir les limites de la région la plus peuplée et la plus urbanisée d'Europe.

8. D'après la légende, quel est le nom donné à cette région ?

....

....

9. Écrivez le nom des quatre agglomérations les plus peuplées d'Europe correspondant à chaque numéro sur la carte :

① .... ③ ....

② .... ④ ....

B Quelle est la diversité religieuse et linguistique de l'Europe ?

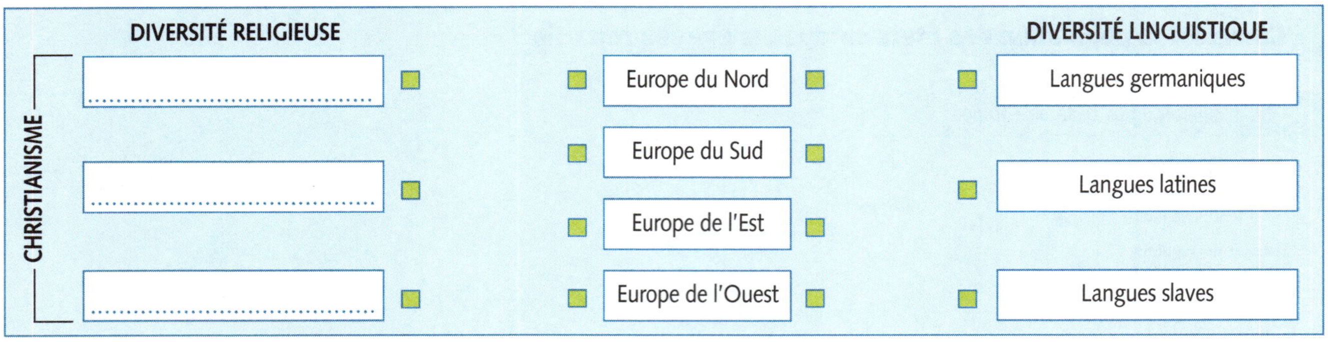

10. Écrivez sur le schéma le nom des trois religions chrétiennes de l'Europe.

11. Reliez chacune des régions d'Europe à la religion et aux langues qui y dominent.

12. Citez deux minorités religieuses présentes en Europe.

....

....

....

13. Citez le nom de trois langues germaniques, de trois langues latines et de trois langues slaves.

- Langues germaniques : ....
- Langues latines : ....
- Langues slaves : ....

je m'entraîne pour le brevet

PARAGRAPHE ARGUMENTÉ

▶ **Comprendre un sujet de géographie (1)**

Avant de rédiger un paragraphe argumenté, il faut comprendre le sujet. Pour cela, il convient d'identifier les termes importants et d'en définir le sens par rapport au sujet.

a Les termes importants du sujet n° 1 sont soulignés et expliqués. Reliez chaque terme du sujet n° 1 à ce qu'il signifie.

***Sujet n° 1 :** À l'aide des documents et de vos connaissances, rédigez un paragraphe argumenté montrant la diversité de l'Europe à travers ses États et son peuplement.*

Sur le continent européen	De nombreuses différences	Répartition de la population	Pays délimités par des frontières

b Les termes importants du sujet n° 2 sont soulignés. Expliquez-les.

***Sujet n° 2 :** À l'aide des documents et de vos connaissances, rédigez un paragraphe argumenté montrant la diversité religieuse et linguistique de l'Europe.*

diversité	religieuse	linguistique	l'Europe
....	....	....	Sur le continent européen

REPÈRE SPATIAL

★ Écrivez le nom de tous les États d'Europe sur la carte de l'Europe, fiche 32.
Puis coloriez en bleu les États membres de l'Union européenne et complétez le tableau en indiquant le nom des capitales des États membres de l'Union européenne.

L'Europe, un continent très humanisé

A Quelle est la diversité des domaines bioclimatiques et des paysages en Europe ?

1. À quelle zone climatique l'Europe appartient-elle ?

....

....

....

....

2. Observez chaque graphique puis reportez sur chacun le numéro correspondant aux caractéristiques de son été et de son hiver.

1 Été chaud et pluvieux ; hiver froid et neigeux.

2 Été chaud et sec ; hiver doux et humide.

3 Été frais et pluvieux ; hiver doux et très pluvieux.

Doc. 1 Domaines climatiques et reliefs en Europe

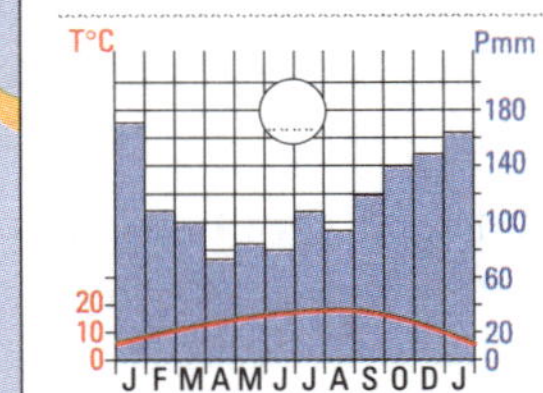

Température moyenne : 10°C
Précipitations annuelles : 1390 mm

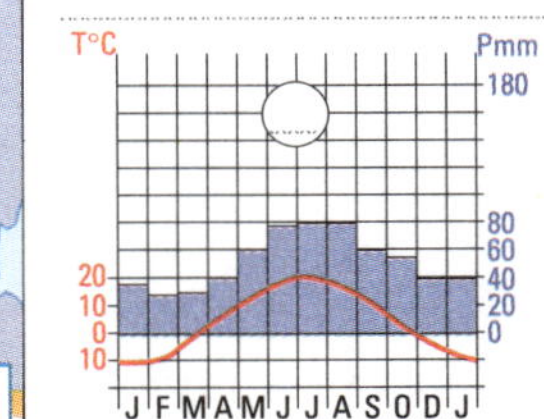

Température moyenne : 4,4°C
Précipitations annuelles : 575 mm

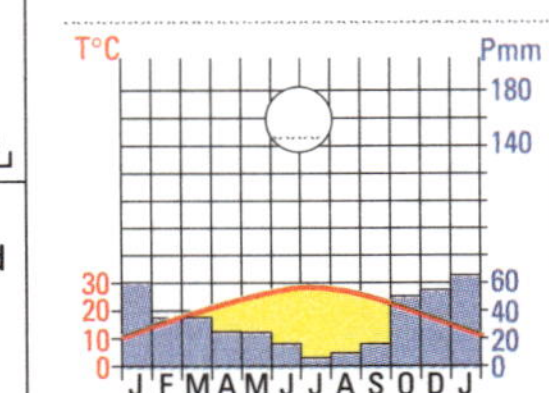

Température moyenne : 17,8°C
Précipitations annuelles : 402 mm

3. À l'aide de la carte, écrivez sur chaque graphique le nom de la station auquel il correspond.

4. Sur la carte, écrivez la lettre correspondant à chaque massif montagneux indiqué dans la légende.

5. Sur le document 2, écrivez à quel domaine climatique appartient chaque paysage et l'activité que les hommes y ont développée :
• exploitation forestière • agriculture • tourisme

Doc. 2 Des paysages variés marqués par l'homme

Domaine ....

A Grande plaine céréalière de Basse-Saxe

Activité ....

Domaine ....

B Station balnéaire d'Elounda en Crète

Activité ....

Domaine ....

C Station de ski de Val-Thorens dans les Alpes

Activité ....

Domaine ....

D Paysage de taïga en Finlande

Activité ....

B Comment l'espace européen est-il organisé ?

6. Sur la carte, coloriez en orange la mégalopole européenne.

7. Dans la légende, complétez les caractéristiques de chaque région de l'espace européen.

8. En utilisant les points cardinaux, donnez l'orientation des axes de transport de la mégalopole.

....

....

....

....

9. Quel massif montagneux aurait pu constituer un obstacle infranchissable (document 1) ?

....

....

....

Doc. 3 L'organisation de l'espace européen

Mégalopole	Axes de transport : .... Densité de population et de métropoles : .... Puissance économique et attractivité : **très forte**.
Marge	Axes de transport : .... Densité de population et de métropoles : **moyenne.** Puissance économique et attractivité : **moyenne**.
Périphérie	Axes de transport : **peu denses.** Densité de population et de métropoles : .... Puissance économique et attractivité : **faible**.

je m'entraîne pour le brevet

PARAGRAPHE ARGUMENTÉ

▶ **Comprendre un sujet de géographie (2)**

Avant de rédiger un paragraphe argumenté, il faut comprendre le sujet. Pour cela, il convient d'identifier les termes importants et d'en définir le sens par rapport au sujet.

a Les termes importants du sujet n° 1 sont soulignés. Expliquez-les.

Sujet n° 1 : À l'aide des documents et de vos connaissances, rédigez un paragraphe argumenté montrant la diversité des domaines bioclimatiques et des paysages en Europe.

la diversité	domaines bioclimatiques	paysages	Europe
....	....	Ce que l'homme perçoit d'un espace géographique	....

b Soulignez les termes importants du sujet n° 2 puis expliquez-les.

Sujet n° 2 : À l'aide des documents et de vos connaissances, rédigez un paragraphe argumenté montrant l'inégale organisation de l'espace européen.

....	Mise en valeur	....

REPÈRE SPATIAL

★ Écrivez le nom de l'océan et des quatre mers qui bordent l'Europe sur la carte de l'Europe, fiche 32, ainsi que le nom des trois fleuves suivants : le Rhin, le Danube et la Volga.

L'Allemagne

A Qu'est-ce qui fait la puissance de l'Allemagne en Europe ?

1. Écrivez sur la carte le nom des mers bordant l'Allemagne.
2. Sur la carte, écrivez en lettres capitales le nom des pays frontaliers. Avec combien de pays l'Allemagne a-t-elle une frontière commune ?

....

....

....

3. L'Allemagne est le pays le plus peuplé d'Europe. Combien compte-t-il d'habitants ?

....

....

....

4. Sur la carte, coloriez en rouge les régions où la densité est supérieure à 200 habitants au km².
5. Écrivez sur la carte le nom des villes suivantes :
   - Hambourg
   - Munich
   - Stuttgart
   - Cologne
   - Berlin
   - Francfort
6. Dans quelle vallée les villes sont-elles les plus nombreuses ?

....

....

....

Doc. 1 L'Allemagne : un pays fédéral de 83 millions d'habitants

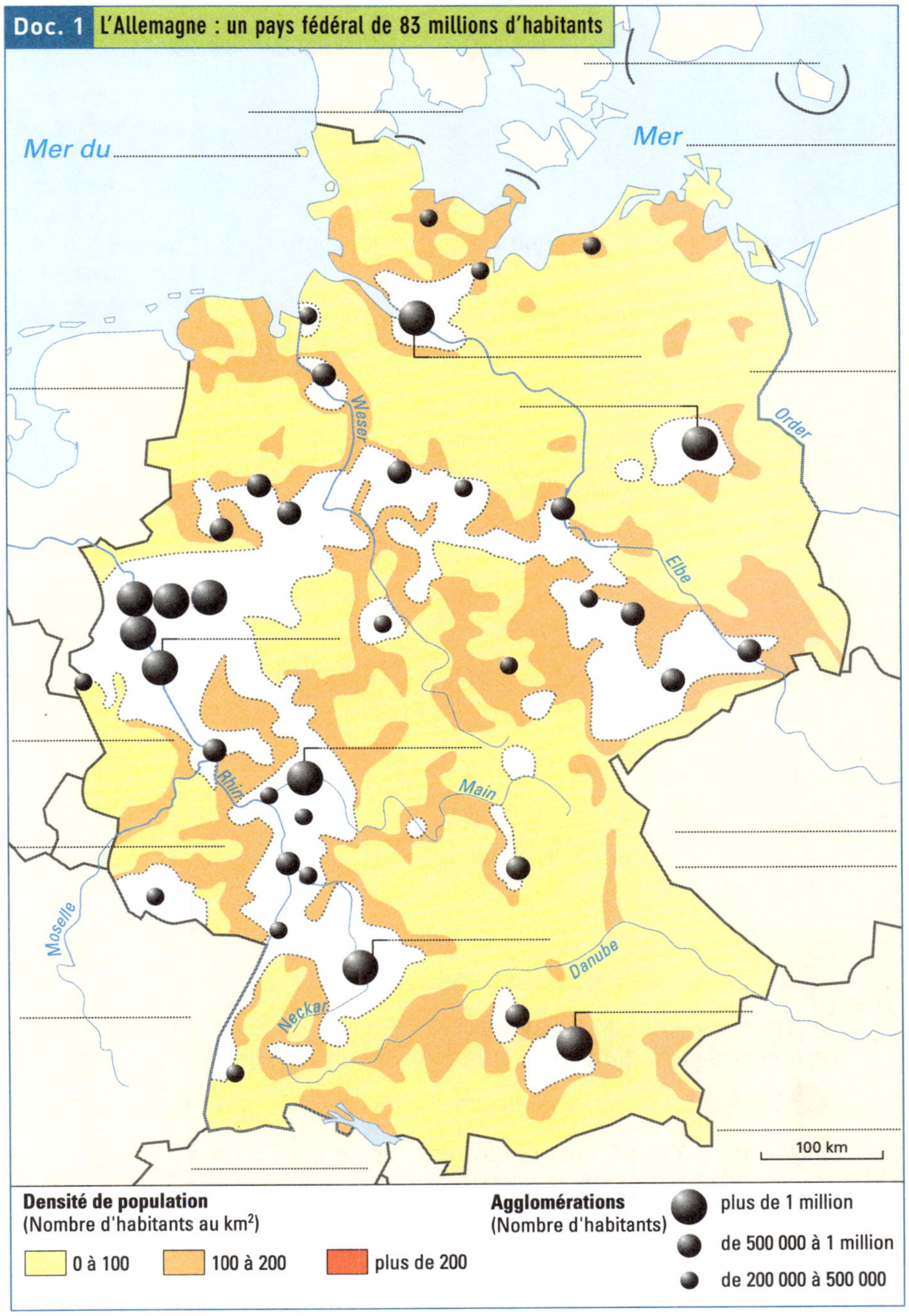

7. Dans le tableau suivant, précisez pour chaque information donnée si elle concerne le secteur industriel, commercial ou financier de la puissance allemande.

L'économie de l'Allemagne	Secteur
• L'Allemagne contribue pour 10 % du budget ordinaire de l'ONU.	....
• 1er producteur européen d'automobiles, d'acier, de constructions navales et de matières plastiques	....
• 3e puissance mondiale pour les investissements à l'étranger	....
• 2e puissance commerciale avec 10 % des échanges mondiaux	....
• Francfort est le siège de la Banque centrale européenne.	....
• Thyssen-Krupp est le 1er fabricant mondial de biens d'équipements.	....
• 1er exportateur mondial avec un excédent de 155,6 milliards de dollars en 2004	....

B Quelles sont les difficultés actuelles de l'Allemagne ?

8. D'après le texte, quelles sont les trois principales difficultés de l'Allemagne ?

....

....

....

....

....

9. De quelle nature est la crise que connaît l'Allemagne ?

....

....

....

10. Depuis quand et depuis quel événement l'Allemagne connaît-elle des difficultés ?

....

....

....

....

Doc. 2 Changements politiques en Allemagne

« Près de deux mois après des élections législatives, selon Mme Merkel[1], l'accord conclu [entre la droite et la gauche] propose "des solutions nouvelles", qui permettront à l'Allemagne de "surmonter sa crise économique et sociale". Plus de 11 % de la population active est sans travail, la croissance reste faible et les finances publiques sont en déficit chronique[2]. Le précédent gouvernement de Gerhard Schröder avait engagé des réformes pour redresser un pays vivant alors au-dessus de ses moyens et grevé par sa réunification il y a quinze ans. »

D'après un article d'A. Jacob, *Le Monde*, dimanche 13-lundi 14 novembre 2005.

1. Angela Merkel, élue chancelière d'Allemagne le 21 novembre 2005.

2. Qui s'installe durablement.

11. D'après le texte, quel est l'accord politique conclu, et dans quel but ?

....

....

....

....

....

je m'entraîne pour le brevet

PARAGRAPHE ARGUMENTÉ ▶ Comprendre un sujet de géographie (3)

Avant de rédiger un paragraphe argumenté, il faut comprendre le sujet. Pour cela, il convient d'identifier les termes importants et d'en définir le sens par rapport au sujet.

★ Soulignez les termes importants des sujets n° 1 et n° 2. Expliquez-les.

Sujet n° 1 : À l'aide des documents et de vos connaissances, rédigez un paragraphe argumenté montrant que l'Allemagne est une grande puissance en Europe.

....	....	....
....	....	....
....	....	....
....	....	....

Sujet n° 2 : À l'aide des documents et de vos connaissances, rédigez un paragraphe argumenté montrant que l'Allemagne est une puissance économique qui connaît des difficultés.

....	....	....
....	....	....
....	....	....
....	....	....

La Russie

A Quels sont les atouts et les contraintes du territoire russe ?

Doc. 1 La Russie, un pays immense très inégalement peuplé (17 millions de km² – 143 millions d'habitants)

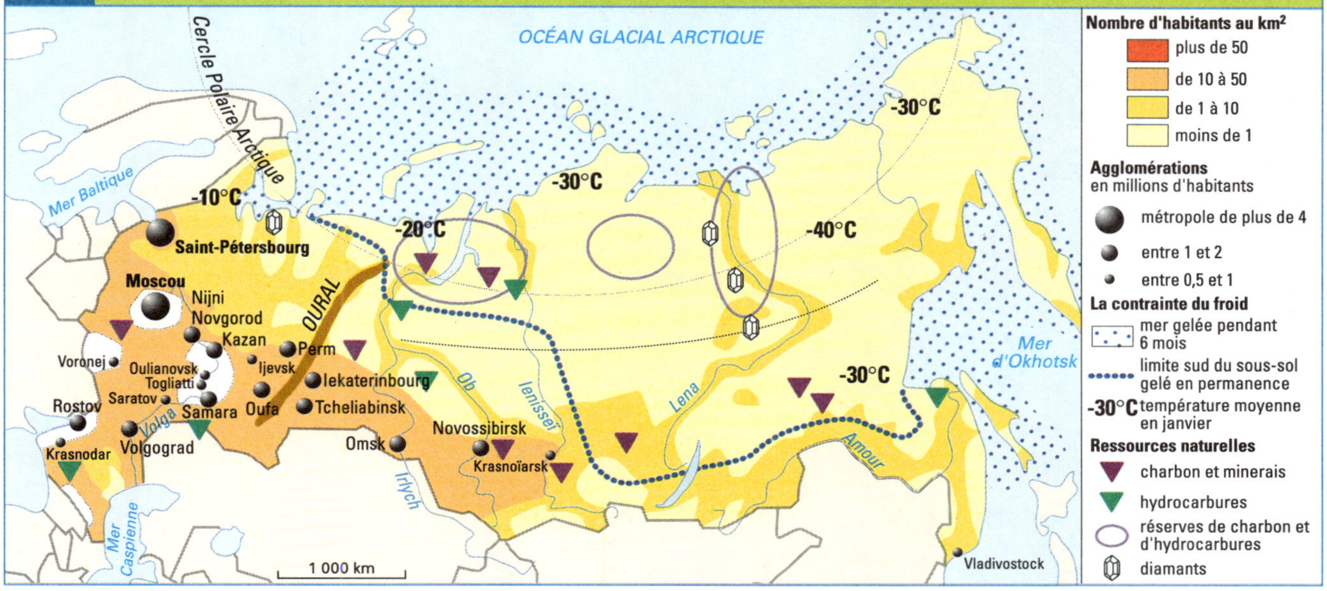

1. La Russie est le plus grand pays du monde. Entourez sa superficie dans le titre du document 1.

2. Soulignez dans la légende le nom des ressources naturelles dont dispose la Russie.

3. Sur la carte, écrivez le nom de la région la plus riche en ressources naturelles et la plus faiblement peuplée.

4. Comment se manifeste la contrainte du froid qui gêne le peuplement de cette région ?

....

....

....

....

....

....

5. Sur la carte, coloriez en rouge les régions les plus peuplées. À l'ouest de quel massif montagneux se concentre la population ?

....

....

B Quelles sont les difficultés actuelles de la Russie ?

Doc. 2 Crise démographique et sociale en Russie

	1992	1996	1999	2002	2005
Nombre de chômeurs (en millions)	3,8	7	9	5,5	-
PIB (revenu par habitant) (en dollars)	7 210	5 630	6 080	8 315	-
Taux de natalité (en ‰)	12	8,8	8,3	9,7	11
Taux de mortalité (en ‰)	14	14,3	14,7	13,9	16
Espérance de vie (en années)	67,2	66,3	66,3	66,7	67

Source : Atlaséco 2006, Le Nouvel Observateur.

6. Quels éléments du tableau montrent que la pauvreté s'est développée en Russie entre 1992 et 1999 ?

....

....

....

7. Quelles sont les conséquences démographiques de ce développement de la pauvreté pendant cette période ?

....

....

....

....

....

8. Quel événement marque l'histoire de la Russie en 1991 ?

....

9. À partir de quelle année la situation semble-t-elle s'améliorer ?

....

....

C Quels sont les déséquilibres du territoire russe ?

Doc. 3 Exploitation du milieu et régions industrielles russes

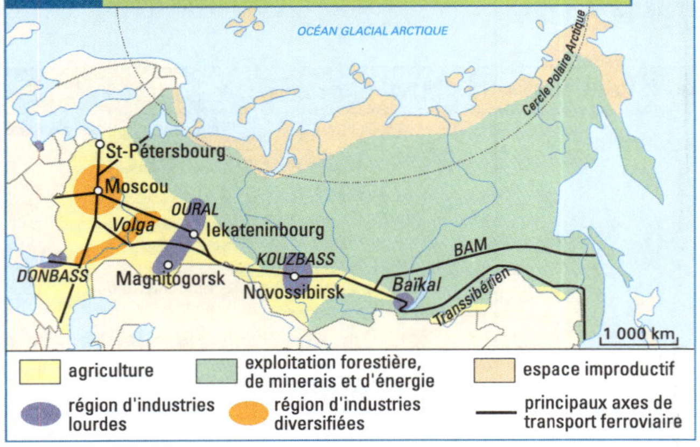

Doc. 4 La dégradation de l'environnement

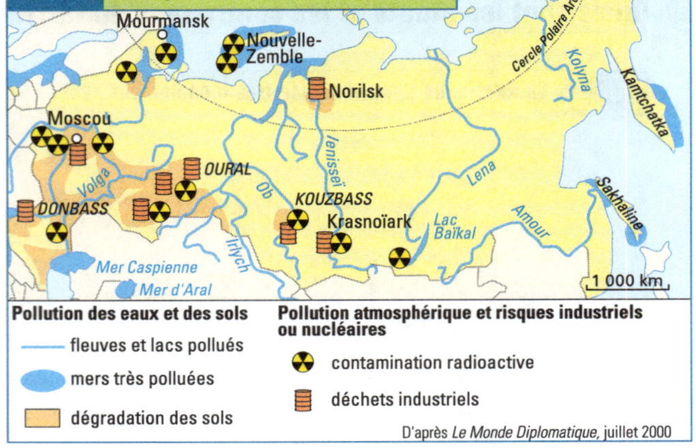

D'après *Le Monde Diplomatique*, juillet 2000

10. Sur le document 5, écrivez le nom des deux métropoles russes.

11. À l'aide des documents 1, 3 et 4, coloriez les trois régions russes de la carte 5 en respectant les couleurs indiquées dans la légende.

12. Complétez la légende de la carte 5.

Doc. 5 L'organisation du territoire russe

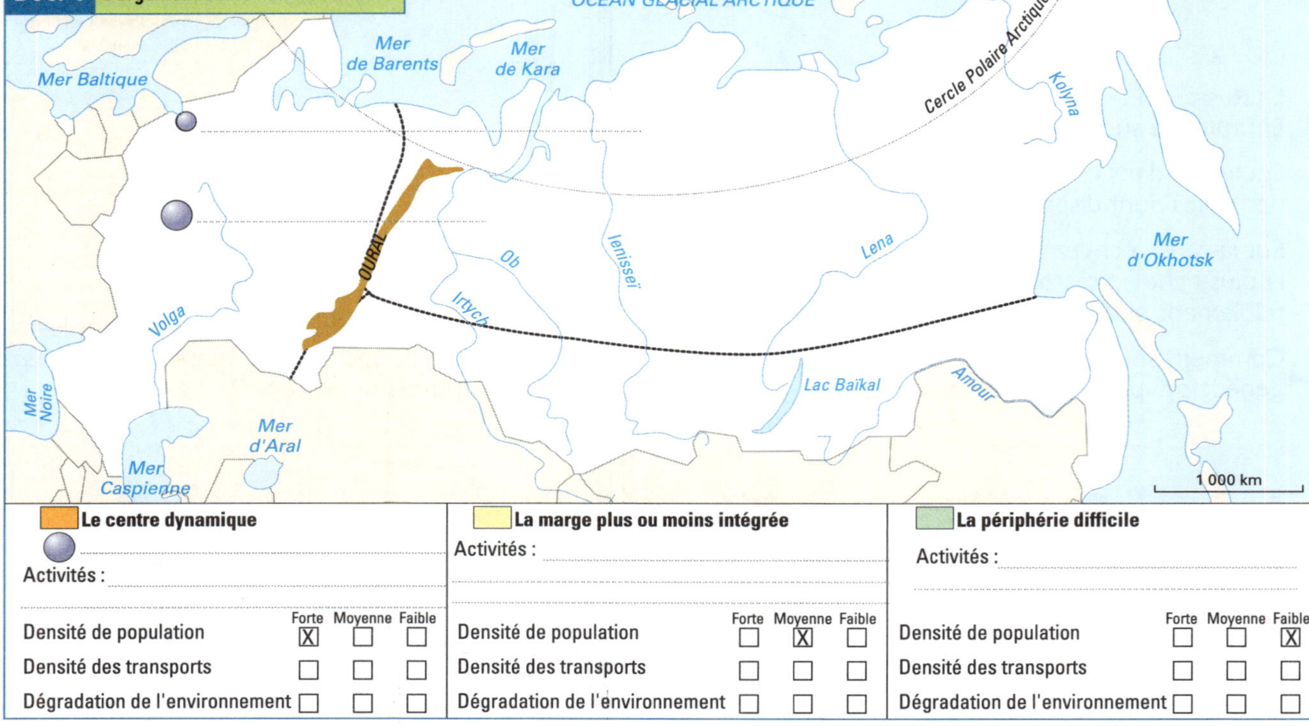

Le centre dynamique	Forte	Moyenne	Faible	La marge plus ou moins intégrée	Forte	Moyenne	Faible	La périphérie difficile	Forte	Moyenne	Faible
(●) .... Activités :				Activités :				Activités :			
Densité de population	☒	☐	☐	Densité de population	☐	☒	☐	Densité de population	☐	☐	☒
Densité des transports	☐	☐	☐	Densité des transports	☐	☐	☐	Densité des transports	☐	☐	☐
Dégradation de l'environnement	☐	☐	☐	Dégradation de l'environnement	☐	☐	☐	Dégradation de l'environnement	☐	☐	☐

... pour le brevet

PARAGRAPHE ARGUMENTÉ

▶ **Délimiter un sujet de géographie**

Après avoir distingué et expliqué les termes du sujet, il faut déterminer précisément les bornes temporelles et spatiales. En géographie, l'étude d'un espace se fait le plus souvent au temps présent, mais il est important de délimiter l'espace étudié.

★ Encadrez les limites spatiales des deux sujets proposés ci-dessous.

***Sujet n° 1 :** À l'aide des documents et de vos connaissances, rédigez un paragraphe argumenté montrant quels sont les atouts et les contraintes du territoire russe.*

***Sujet n° 2 :** À l'aide des documents et de vos connaissances, rédigez un paragraphe argumenté montrant quelles sont les difficultés de la Russie aujourd'hui.*

L'Espagne

A Comment se présentent le territoire et le peuplement de l'Espagne ?

Doc. 1 Au finistère de l'Europe, l'Espagne et sa population

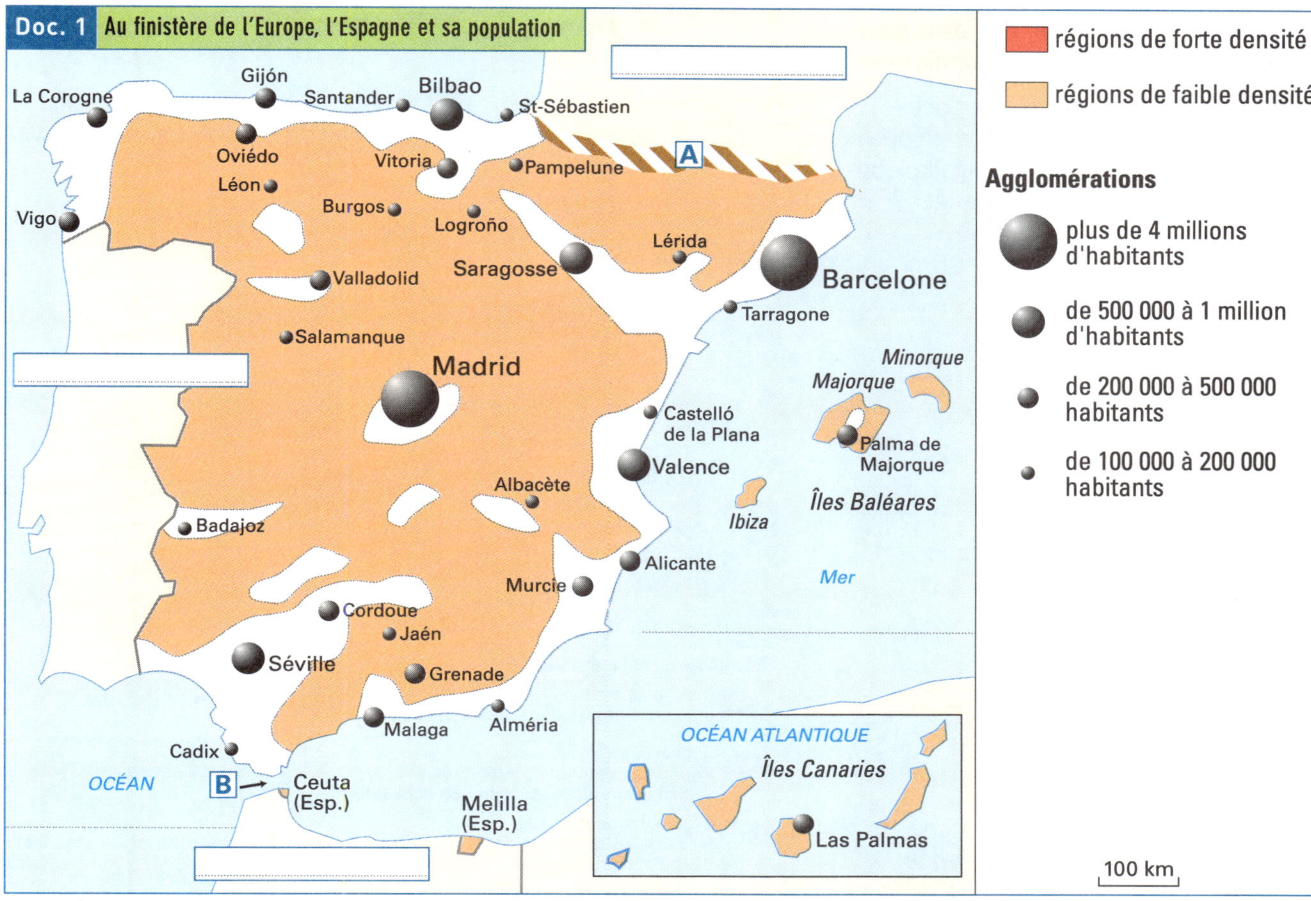

1. Écrivez sur la carte le nom de l'océan et de la mer bordant la péninsule ibérique, ainsi que le nom des trois pays frontaliers de l'Espagne.
2. Écrivez devant chaque lettre le nom du massif montagneux et du détroit auquel elle correspond sur la carte.
   A ....
   B ....
3. Coloriez en rouge sur la carte les régions de forte densité de population.
4. Où la population est-elle concentrée ?
   ....
   ....
   ....

B Comment expliquer le dynamisme économique de l'Espagne ?

5. Depuis son entrée dans l'Union européenne (ex-CEE), l'Espagne connaît un fort dynamisme. Quelle est la date de son adhésion ?
   ....
6. Soulignez dans le texte le nom des secteurs qui sont dynamiques.
7. Quelle est la principale activité économique du pays ?
   ....
8. Qui est à l'origine de cette modernisation de l'économie espagnole ?
   ....
   ....

Doc. 2 Le dynamisme de l'économie espagnole

« En 2000, la production industrielle de biens d'équipement a augmenté de 6,4 %. Le gouvernement soutient le marché automobile par des aides au renouvellement du parc national (l'Espagne est le cinquième producteur mondial et exporte plus de 80 % de sa production). Il aide le tourisme – première industrie du pays – à se développer en lui allouant, sur la période 2001-2006, 5,1 milliards d'euros. Grâce à une diversification réussie, il a augmenté de 7,8 % en 2000. Par ailleurs, le gouvernement tente de développer les technologies de l'information grâce à un vaste plan de formation à internet. Enfin Madrid prévoit d'ici à 2007 un énorme investissement dans les chemins de fer. »

D'après *Atlaséco 2002*, Le Nouvel Observateur, Paris, 2002.

C Comment ce dynamisme économique se traduit-il dans l'organisation du territoire espagnol ?

9. Écrivez sur la carte le nom des deux métropoles espagnoles.

10. Coloriez, en respectant les couleurs indiquées dans la légende, les régions en déclin et les régions dynamiques.

11. D'après la carte, quelles sont les deux activités qui montrent que le développement économique de ces régions dynamiques est lié aux relations avec l'étranger ?

....

....

....

....

....

....

12. D'après la carte, qu'est-ce qui permet à l'Espagne d'être en contact avec le reste de l'Europe ?

....

....

....

....

13. Entourez l'élément de la légende montrant que l'Espagne veut renforcer son ouverture vers l'extérieur.

Doc. 3 L'inégal dynamisme des régions espagnoles

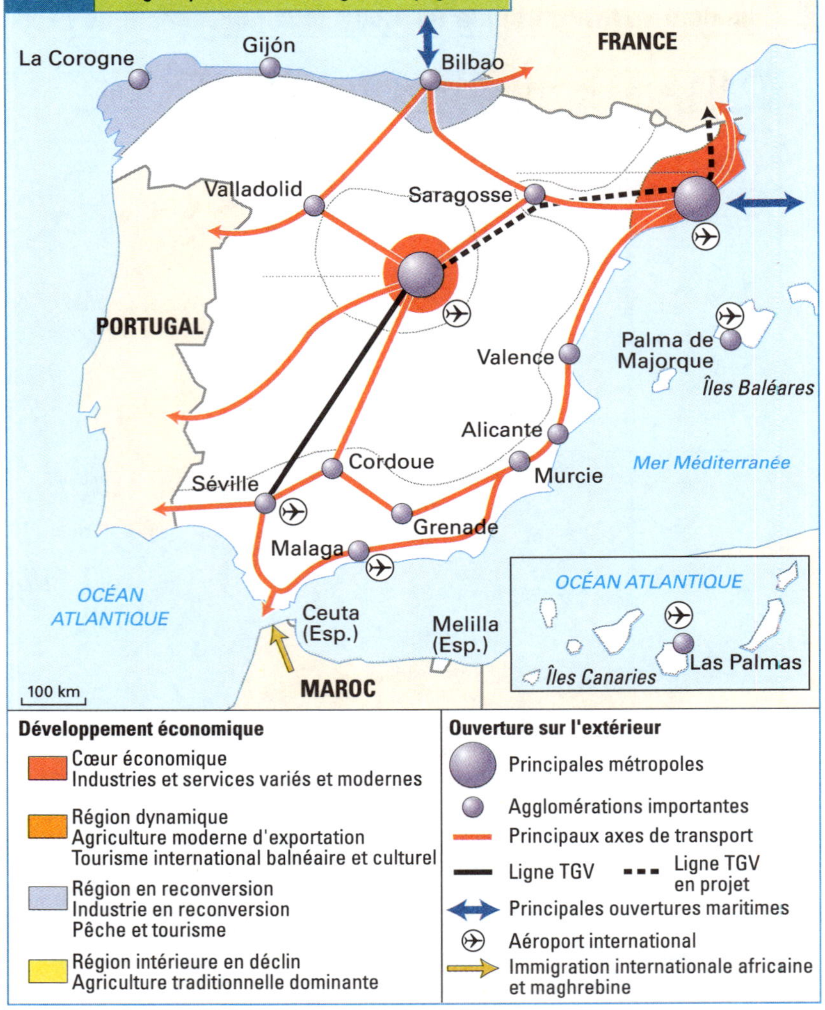

je m'entraîne pour le brevet

PARAGRAPHE ARGUMENTÉ

▶ **Trouver les parties d'un plan (1)**

Après avoir compris et délimité le sujet, il faut dégager le ou les thèmes qui permettront de bâtir le plan du paragraphe argumenté.

Lorsque deux thèmes sont donnés dans le sujet, le plan sera souvent composé de deux parties. Si le sujet ne présente qu'un seul thème, il faut le décomposer à l'aide de ses connaissances et des documents afin de trouver les différentes parties du paragraphe argumenté.

a Le sujet suivant aborde deux thèmes. Entourez ces deux thèmes.

Sujet n° 1 : À l'aide des documents et de vos connaissances, rédigez un paragraphe argumenté présentant le territoire espagnol et son peuplement.

b Le sujet suivant ne présente qu'un seul thème. Il est encadré. À partir des documents de la fiche, recherchez deux autres aspects de l'inégal dynamisme des régions espagnoles.

Sujet n° 2 : À l'aide des documents et de vos connaissances, rédigez un paragraphe argumenté montrant l'inégal dynamisme des régions espagnoles.

1er aspect (1re partie)	2e aspect (2e partie)	3e aspect (3e partie)
....	Des régions en reconversion	....
....		....

La France, diversité et fragilité des paysages

A Quelles sont les caractéristiques du territoire français ?

1. D'après la carte, pourquoi la France est-elle le carrefour climatique de l'Europe ?

....

....

....

2. Coloriez sur la carte les massifs montagneux correspondant au climat montagnard en respectant la couleur indiquée dans la légende.

3. Sur la carte, écrivez le numéro des plaines et de la vallée qui facilitent la circulation en France.

1 Bassin parisien   2 Bassin aquitain   3 Vallée du Rhône

4. Écrivez sur la carte le nom de l'océan et des mers bordant la France.

5. Écrivez sur la carte le nom des pays frontaliers de la France.

Doc. 1 Climat et relief en France

B Comment les hommes mettent-ils en valeur la diversité des paysages français ?

Doc. 2 Trois paysages en France

Ville de Nice sur la Côte d'Azur

Station de Courchevel dans les Alpes

Paysage de la Beauce dans le Bassin parisien

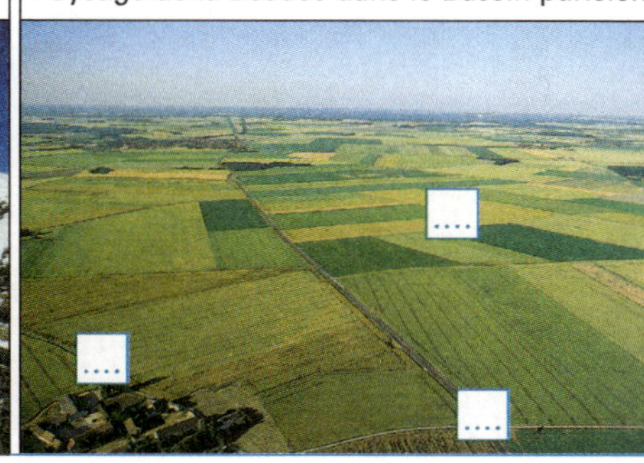

6. Sur les trois photographies, écrivez les lettres correspondant à chaque élément de paysage ci-dessous :

A Vieille ville   B Route   C Forêt de conifères   D Champs cultivés
E Glacier   F Plage   G Station de ski   H Fermes   I Collines

	Ville de Nice sur la Côte d'Azur	Station de Courchevel dans les Alpes	Paysage de la Beauce dans le Bassin parisien
Relief	☐ Plaine/plateau ☐ Montagne ☐ Littoral	☐ Plaine/plateau ☐ Montagne ☐ Littoral	☐ Plaine/plateau ☐ Montagne ☐ Littoral
Domaine climatique	....	....	....
Peuplement	☐ Urbain ☐ Rural	☐ Urbain ☐ Rural	☐ Urbain ☐ Rural
Activité dominante	☐ Agriculture ☐ Industrie ☐ Commerce/ Tourisme	☐ Agriculture ☐ Industrie ☐ Commerce/ Tourisme	☐ Agriculture ☐ Industrie ☐ Commerce/ Tourisme

7. Retrouvez les caractéristiques de chaque paysage en cochant et en complétant les éléments du tableau ci-dessus.

8. Coloriez sur les photographies en vert les cases correspondant aux éléments naturels du paysage, et en rouge celles correspondant aux éléments humains.

9. Par lequel de ces deux éléments, naturel ou humain, les paysages sont-ils les plus marqués ?

....

....

C Quels sont les risques majeurs qui menacent l'environnement en France ?

Doc. 3 Les risques majeurs en France métropolitaine et d'Outre-mer

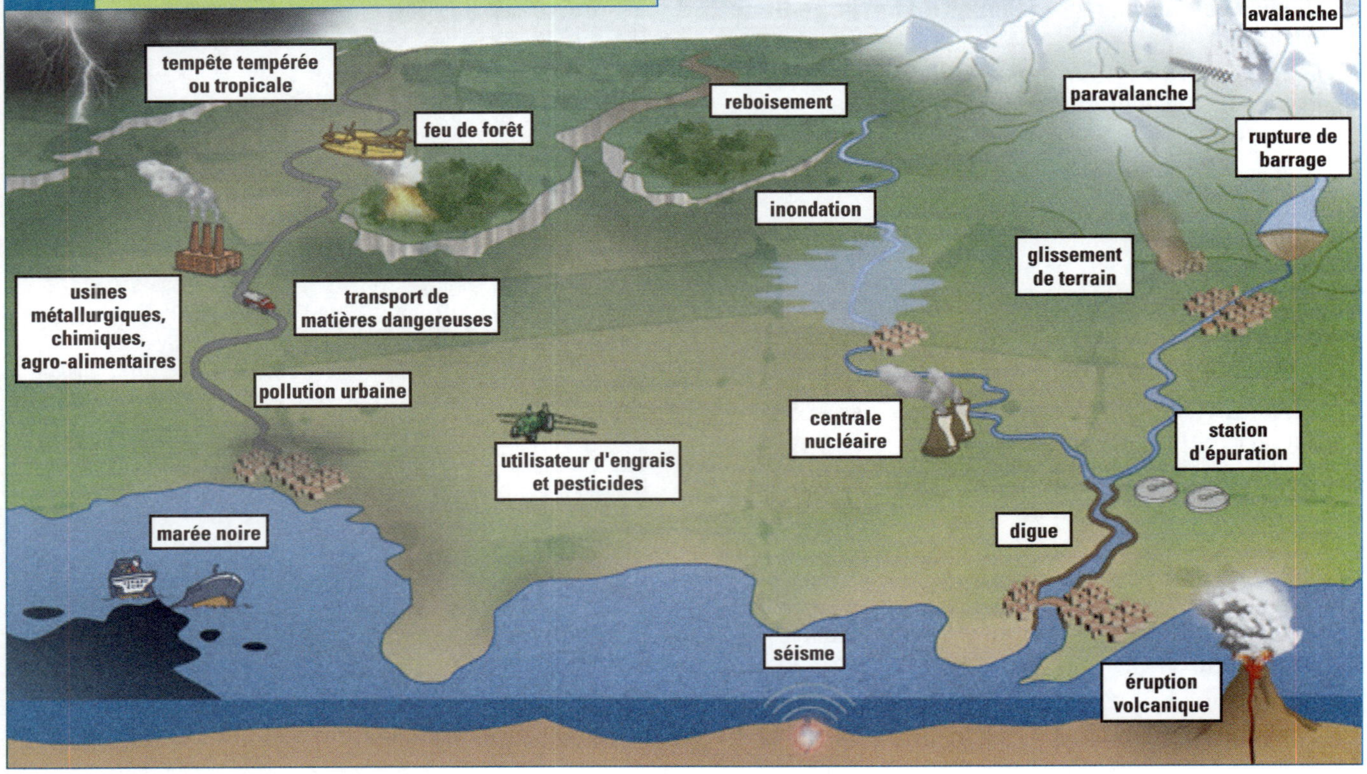

10. Quelle est la différence entre un risque naturel et un risque technologique ?

....

....

....

11. Sur l'illustration, coloriez en bleu les cases correspondant aux risques naturels et en rouge celles correspondant aux risques technologiques.

12. Enfin, coloriez en jaune les cases correspondant aux aménagements qui permettent de gérer ces risques.

je m'entraîne pour le brevet

PARAGRAPHE ARGUMENTÉ

▶ **Trouver les parties d'un plan (2)**

Après avoir compris et délimité le sujet, il faut dégager le ou les thèmes qui permettront de bâtir le plan du paragraphe argumenté.
Lorsque le sujet ne présente qu'un seul thème, il faut le décomposer à l'aide de ses connaissances et des documents afin de trouver les différentes parties du paragraphe argumenté.

★ Le sujet suivant ne présente qu'un seul thème. Il est encadré. À partir des documents de la fiche, recherchez les différentes parties du sujet.

Sujet : À l'aide des documents et de vos connaissances, rédigez un paragraphe argumenté montrant les risques auxquels les paysages français sont confrontés.

1re partie	2e partie	3e partie
....	....	....
....	....	....

REPÈRE SPATIAL

★ Écrivez dans la légende de la carte de France n° 1, fiche 32, devant le nom de chaque massif montagneux et de chaque fleuve, le numéro ou la lettre qui lui correspond sur la carte.

La population française

A Comment la population française est-elle répartie sur le territoire ?

1. D'après le titre de la carte, combien la France compte-t-elle d'habitants en 2005 ?

....

2. Sur la carte, coloriez en rouge les régions les plus peuplées.

3. Écrivez sur la carte le numéro correspondant à chacune des agglomérations suivantes :

① Paris	⑥ Nice
② Lyon	⑦ Bordeaux
③ Marseille	⑧ Nantes
④ Lille	⑨ Strasbourg
⑤ Toulouse	⑩ Rennes

4. Écrivez ensuite dans chaque carré la lettre correspondant à chacune des régions suivantes :

A Bourgogne	D Pyrénées
B Landes	E Champagne
C Lorraine	F Massif central

5. Pourquoi appelle-t-on ces régions la diagonale du vide ?

....

....

....

Doc. 1 La répartition de la population française (62 millions d'habitants)

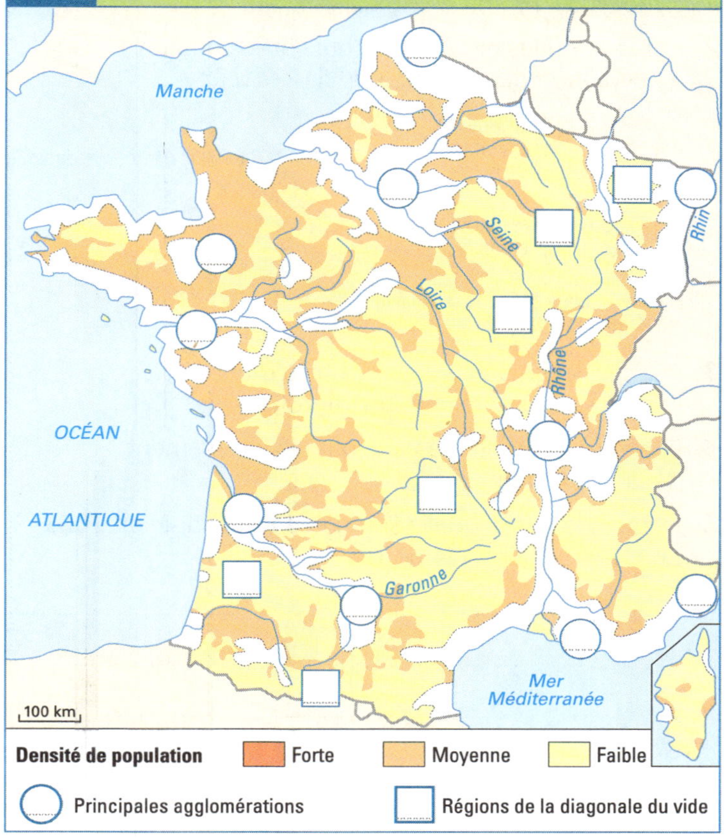

B Comment la population urbaine a-t-elle évolué en France ?

6. D'après les données du tableau, par combien le nombre de citadins a-t-il été multiplié entre 1954 et 2004 ?

....

....

7. Quelle en est la conséquence sur la superficie urbaine ?

....

8. Sur le schéma, coloriez en respectant la légende l'espace rural où s'étend une agglomération.

9. Comment s'appelle cette extension des agglomérations ?

....

10. D'après le schéma, quels mouvements de population contribuent à expliquer ce phénomène d'extension urbaine ?

....

....

....

Doc. 2 Schéma de l'extension des agglomérations françaises

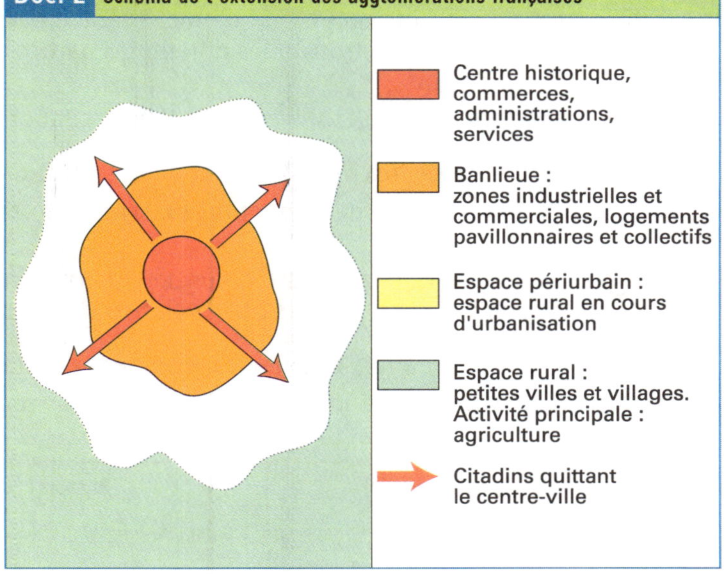

Années	Nombre de citadins	Pourcentage de citadins	Superficie urbaine
1954	21 millions	57,3	42 000 km²
2004	45 millions	75,9	105 000 km²

Source : INSEE 2005

C Quelle évolution démographique la France connaît-elle ?

11. D'après le document 3, comment a évolué entre 1980 et 2005 le pourcentage des :
- plus de 60 ans ? ....
- moins de 20 ans ? ....

12. Reliez la ou les explications qui correspondent à l'évolution de chacune des classes d'âge.

Baisse de la mortalité donc allongement de l'espérance de vie ☐	☐ La part des jeunes diminue
Baisse de la fécondité et donc de la natalité ☐	☐ La part des personnes âgées augmente
Arrivée à la retraite de la génération du *baby boom* ☐	

13. Dans le texte, soulignez la phrase montrant le vieillissement de la population française.

14. Entourez le problème posé par le vieillissement de la population.

15. D'après le texte, quelle solution a été choisie en 2003 pour régler ce problème ?

....

....

....

Doc. 3 Évolution de la population française par classes d'âge

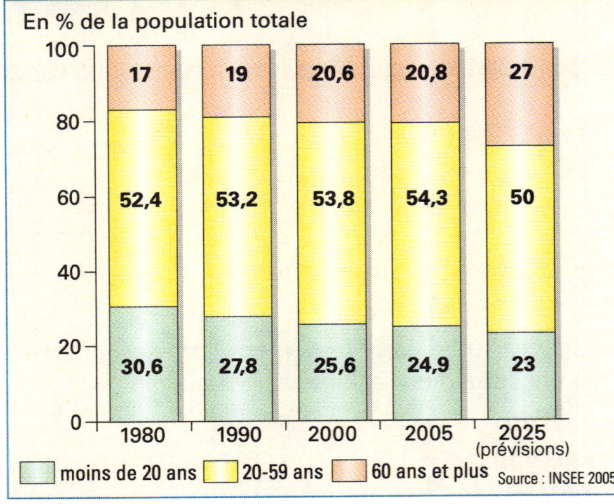

Doc. 4 La génération du *baby boom* à l'âge de la retraite

« La France, […], doit faire face au défi du vieillissement de sa population. Le nombre des personnes de plus de 65 ans pourrait atteindre en 2050 […] le double de la situation actuelle. Par conséquent il faudra réaliser un transfert massif de revenus des actifs vers les retraités pour faire face au coût des retraites. […]
En réponse au défi démographique, la France a privilégié lors de sa réforme des retraites de 2003 l'augmentation de la durée de la vie active pour assurer le financement des retraites à long terme. Ce pari sur l'augmentation de l'emploi des seniors n'est pas gagné. »

Vieillissement et politique de l'emploi en France, OCDE, 2005.

je m'entraîne pour le brevet

PARAGRAPHE ARGUMENTÉ

▶ **Trouver les parties d'un plan (3)**

Après avoir compris et délimité le sujet, il faut dégager le ou les thèmes qui permettront de bâtir le plan du paragraphe argumenté.

Lorsque deux thèmes sont donnés dans le sujet, le plan sera souvent composé de deux parties. Si le sujet ne présente qu'un seul thème, il faut le décomposer à l'aide de ses connaissances et des documents afin de trouver les différentes parties du paragraphe argumenté.

a Entourez dans le sujet suivant le(s) thème(s) abordé(s).

Sujet n° 1 : À l'aide des documents et de vos connaissances, rédigez un paragraphe argumenté montrant que la population française est inégalement répartie et principalement urbaine.

b Le sujet suivant ne présente qu'un seul thème. Encadrez-le. À partir des documents de la fiche, recherchez les trois aspects de l'évolution démographique en France.

Sujet n° 2 : À l'aide des documents et de vos connaissances, rédigez un paragraphe argumenté montrant l'évolution démographique de la population française.

1er aspect (1re partie)	2e aspect (2e partie)	3e aspect (3e partie)
....	....	....
....	....	....

REPÈRE SPATIAL

★ Écrivez le nom des 14 principales villes françaises sur la carte de France n° 1, fiche 32.

L'aménagement du territoire français

A Quels sont les déséquilibres du territoire français ?

Doc. 1 Les grands déséquilibres du territoire

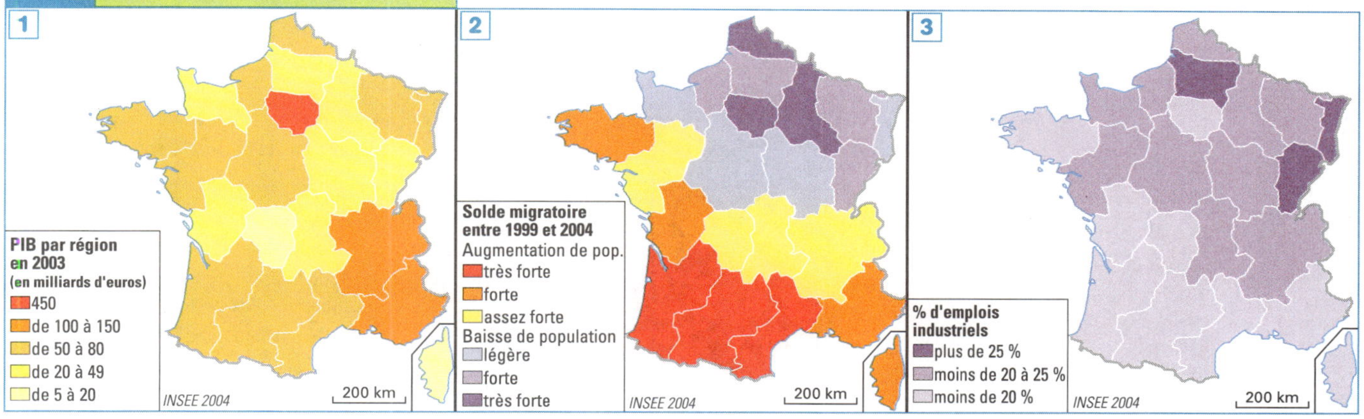

1. Écrivez en face de chaque titre le numéro de la carte qui lui correspond :
- Une France inégalement industrialisée : ....
- La concentration des richesses dans la région parisienne : ....
- Des régions en déclin qui perdent des habitants : ....

B Qui sont les acteurs de l'aménagement du territoire français ?

Doc. 2 Un exemple d'aménagement

2. Quelle est la mission de la DIACT (ex-DATAR) ?

....

....

....

....

3. Soulignez sur la photographie l'objectif et le lieu de ces travaux d'aménagement. Puis entourez les logos des deux départements concernés par ces travaux.

4. À combien est estimé le coût de ces travaux ?

....

....

5. Dans le tableau, cochez tous les acteurs concernés par cet aménagement.

6. Complétez le tableau en écrivant le nom des collectivités territoriales et le nom d'une entreprise qui participent à cette action d'aménagement.

7. Enfin, soulignez les acteurs qui décident et financent, et entourez ceux qui réalisent les travaux.

Les acteurs de l'aménagement du territoire

- ❑ Union européenne
- ❑ État (DIACT, ex-DATAR)
- ❑ Entreprise : ....
- Les collectivités territoriales
  - ❑ Région : ....
  - ❑ Départements : ....
  - ❑ Commune : Sommières

C Quels sont les objectifs des aménagements réalisés sur le territoire français ?

8. À partir du document 3, retrouvez les principales réalisations de l'aménagement du territoire français. Pour cela, classez dans le tableau, à l'aide des lettres, les éléments de la légende selon leur objectif.

Doc. 3 Les principales réalisations de l'aménagement du territoire

Les aménagements de 1950 à 1975

- agglomération parisienne
- **A** métropole d'équilibre
- **B** ville nouvelle
- **C** ville bénéficiaire de la décentralisation industrielle
- **D** grand aménagement industrialo-portuaire
  1 Fos-sur-Mer **2** Dunkerque
  3 Le Havre **4** Saint-Nazaire
- **E** aménagement du littoral
  1 côte du Languedoc-Roussillon **2** côte landaise
- **F** stations de ski de haute montagne
- **G** parc naturel national
- **H** zone rurale et de montagne recevant des aides

Les aménagements depuis 1975

- **I** pôle de conversion pour lutter contre la crise des industries anciennes
- **J** technopôle (parc d'activités de haute technologie)
- **K** grand parc d'attraction
  1 Parc Astérix **2** Futuroscope **3** Disneyland Paris
- **L** autoroute
- **M** ligne TGV ----- ligne TGV en projet
- **N** tunnel

Limiter et organiser la croissance de Paris	Développer l'activité économique	Développer les transports nationaux et internationaux
A -	G - H -	

je m'entraîne pour le brevet

PARAGRAPHE ARGUMENTÉ

▶ **Bâtir un plan détaillé (1)**

Après avoir compris le sujet, délimité et trouvé les parties du plan, on peut commencer à bâtir un plan détaillé. Chaque partie doit alors être organisée en sous-parties.

★ Les thèmes du sujet sont encadrés. Ils forment les parties du paragraphe à rédiger. À l'aide des propositions suivantes, retrouvez les sous-parties du plan proposé.

Sujet : À l'aide des documents et de vos connaissances, rédigez un paragraphe argumenté montrant les déséquilibres du territoire français et les politiques d'aménagement mises en œuvre pour les corriger.

Sous-parties à classer

- Développer l'activité économique
- Poids dominant de l'agglomération parisienne
- Limiter et organiser la croissance de Paris
- L'Est est plus industrialisé que l'Ouest rural.
- Développer les transports nationaux et internationaux

1re partie : Les déséquilibres du territoire français

A. ....

B. ....

2e partie : Les politiques d'aménagement du territoire de l'État et des collectivités

A. ....

B. ....

C. ....

L'Île-de-France et le Bassin parisien

A Comment la région Île-de-France est-elle organisée ?

1. Quelle ville est au centre de la région Île-de-France ?

2. Écrivez sur la carte le numéro des départements composant la région Île-de-France.

3. Écrivez dans le tableau ci-dessous les départements et les densités de population correspondant à chaque partie de l'agglomération parisienne.

4. Entourez en bleu sur la carte les limites de l'agglomération parisienne (espace où les densités sont supérieures à 1 500 habitants au km²).

Doc. 1 Les densités de population par commune en Île-de-France

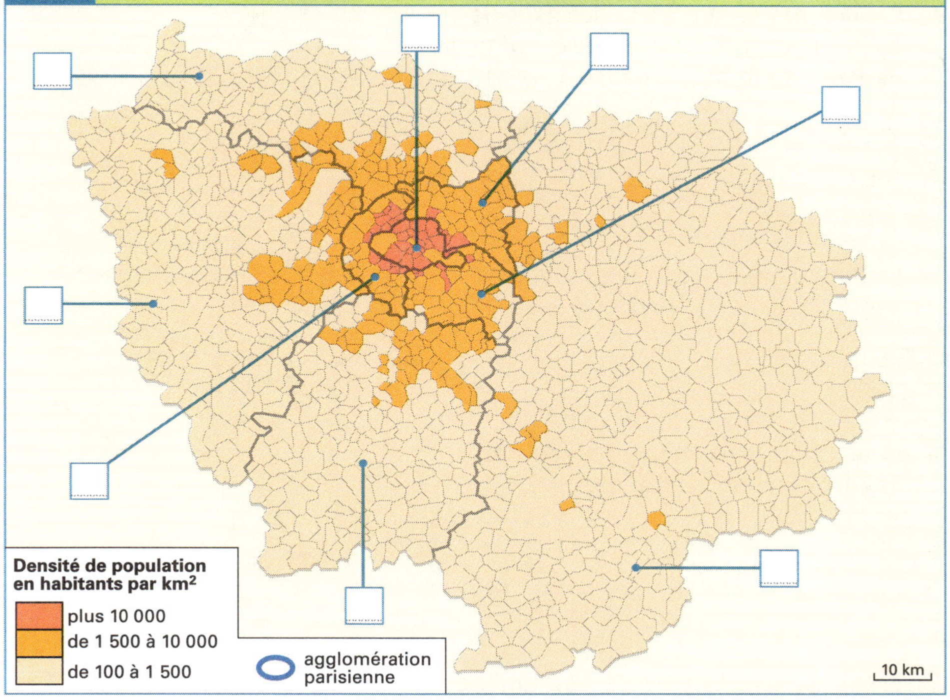

Partie de l'agglomération	Départements	Densités
Centre-ville (Paris)		
Banlieue (petite couronne)		
Espace périurbain et rural (grande couronne)		

B Comment se manifeste le dynamisme de la région Île-de-France ?

5. Comment expliquer le poids politique de la région Île-de-France ?

6. À partir du document 2, citez deux éléments qui montrent sa puissance :

- économique :
- culturelle :

7. Soulignez sur le document 2 un élément qui montre la dimension internationale de la région Île-de-France.

Doc. 2 La région Île-de-France en chiffres

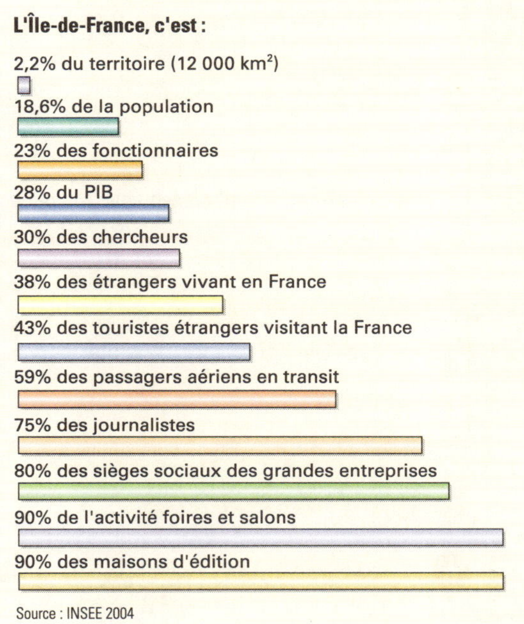

Source : INSEE 2004

C Quelles sont les caractéristiques du Bassin parisien ?

8. Sur la carte, écrivez le nom des huit régions composant le Bassin parisien. Puis écrivez en légende devant chaque ville le numéro qui lui correspond sur la carte.

9. Comment l'organisation des axes de communication montre-t-elle l'influence de Paris sur le Bassin parisien ?

....

....

....

10. Le long de quel fleuve les industries sont-elles surtout concentrées ?

....

....

11. Quel climat et quel relief favorisent l'agriculture dans cette région ?

....

....

....

12. Entourez dans la légende les éléments montrant que le Bassin parisien est un espace touristique important.

Doc. 3 L'organisation de l'espace dans le Bassin parisien

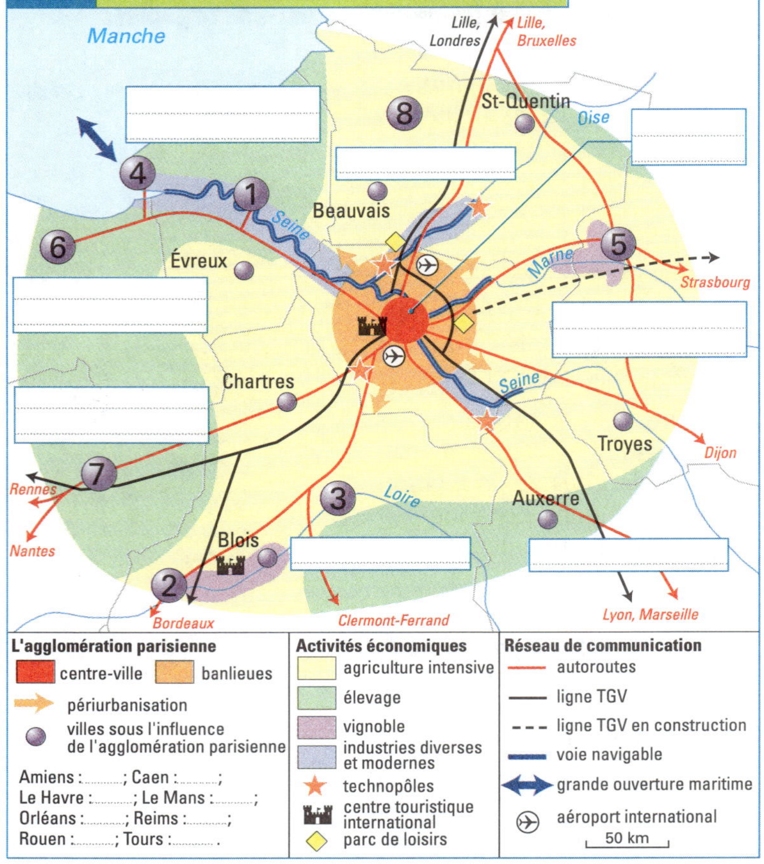

je m'entraîne pour le brevet

PARAGRAPHE ARGUMENTÉ

▶ **Bâtir un plan détaillé (2)**

Après avoir compris le sujet, délimité et trouvé les parties du plan, on peut commencer à bâtir un plan détaillé. Chaque partie doit alors être organisée en sous-parties.

★ Les thèmes du sujet forment les parties du paragraphe à rédiger. Encadrez-les puis écrivez les sous-parties manquantes dans le plan proposé.

***Sujet :** À l'aide des documents et de vos connaissances, rédigez un paragraphe argumenté montrant l'organisation et le dynamisme de la région Île-de-France.*

1re partie : ....

A. ....

B. Les densités diminuent du centre vers la périphérie de l'agglomération parisienne.

2e partie : ....

A. Paris, capitale de la France, concentre les grandes institutions politiques françaises.

B. ....

REPÈRE SPATIAL

★ Écrivez le numéro correspondant aux huit régions composant le Bassin parisien sur la carte de France n° 2, fiche 32.

Le Nord et le Nord-Est de la France

A Qu'est-ce qui fait la spécificité du Nord et du Nord-Est de la France ?

1. Écrivez sur la carte le nom des trois régions composant le Nord et le Nord-Est de la France.
2. En respectant la légende, coloriez les espaces industrialisés.
3. D'après les données du document 2, qu'est-ce qui montre la forte tradition industrielle de ces régions ?

....

....

....

....

4. Quelles sont les deux régions que l'on peut rattacher à la mégalopole européenne ? Justifiez votre réponse à l'aide des données du tableau.

....

....

....

....

....

....

....

....

Doc. 1 Des régions frontalières peuplées et industrialisées

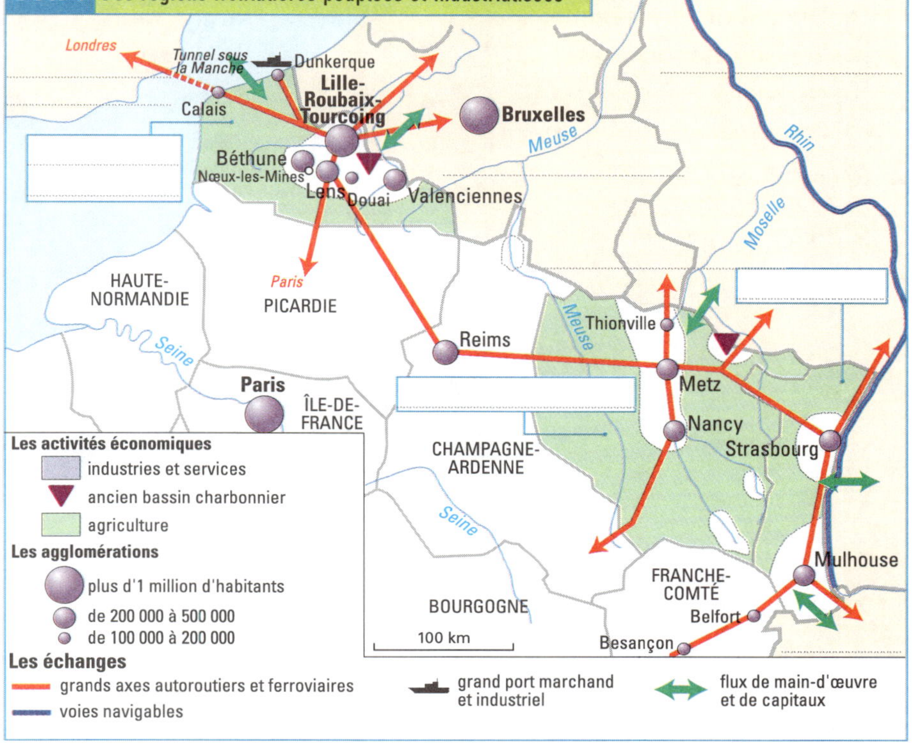

Doc. 2 Caractéristiques des régions du Nord et du Nord-Est

Moyennes en 2005	France	Nord-Pas-de-Calais	Lorraine	Alsace
Densité de population (habitants au km²)	111	324	99	216
Taux d'actifs dans l'industrie	24,5 %	26,9 %	27,9 %	33,2 %
Taux d'urbanisation	82 %	95 %	83 %	93,1 %

Source : INSEE 2005

5. Écrivez sur la carte le nom des pays frontaliers des régions du Nord et du Nord-Est de la France.

6. Entourez les éléments de la légende montrant que ces régions sont tournées vers la mégalopole européenne.

B Quelles sont les difficultés de la région Nord-Pas-de-Calais ?

7. Dans le texte, soulignez le nom des activités en crise et en déclin.
8. Entourez le nom des activités que la région a cherché à développer pour compenser ce déclin.
9. Comment appelle-t-on cette mutation industrielle ?

....

....

10. Quelles difficultés sociales et démographiques subsistent malgré ces mutations ?

....

....

....

Doc. 3 Le Nord-Pas-de-Calais, une région en reconversion

« Après la disparition de la construction navale, la fermeture du dernier puits de charbon et les graves difficultés du textile et de la sidérurgie, la région n'en a pas terminé avec la crise, même si une véritable diversification industrielle est en cours.
Avec l'automobile [...], le matériel ferroviaire [et l'agro-alimentaire], la région a su faire émerger des pôles industriels solides. Ainsi, et depuis l'implantation de Toyota sur le site d'Onnaing dans le Valenciennois, elle a pu devenir la deuxième région française dans la construction automobile. Mais ce retour vers la croissance ne s'est malheureusement pas répercuté sur l'emploi : le chômage avec un taux de 13,2 % reste plus élevé que la moyenne nationale et la population continue de quitter la région. »

D'après *Le Nouvel Observateur-Atlaséco*, 2006.

C Quels sont les atouts de la région Alsace ?

11. Écrivez la lettre de chaque atout de la région Alsace sur la photographie corespondante.

- **A** Dimension européenne
- **B** Transports modernes
- **C** Nouvelles technologies
- **D** Tourisme

12. Recherchez un atout de la région Alsace dans le domaine agricole.

....

....

....

....

....

Doc. 4 L'Alsace, une région dynamique

.....

Centre régional d'innovation et de transfert des technologies d'Illkirch

.....

Réserve naturelle d'Erstein

.....

Le parlement européen à Strasbourg

.....

TGV Est-européen en 2007

je m'entraîne pour le brevet

PARAGRAPHE ARGUMENTÉ

▶ **Bâtir un plan détaillé (3)**

Après avoir compris le sujet, délimité et trouvé les parties du plan, on peut commencer à bâtir un plan détaillé. Chaque partie doit alors être organisée en sous-parties.

a Encadrez les thèmes du sujet et écrivez les titres des parties ainsi trouvées.

b À l'aide des documents, recherchez des arguments, c'est-à-dire des exemples, illustrant les sous-parties.

Sujet : À l'aide des documents et de vos connaissances, rédigez un paragraphe argumenté montrant les difficultés et les atouts des régions du Nord et du Nord-Est de la France.

1re partie : ....

A. Des régions en reconversion

Doc. 3 **Argument :** ....

....

B. Des difficultés sociales et démographiques

Doc. 3 **Argument :** ....

....

2e partie : ....

A. Une situation frontalière favorable

Doc. 1 **Argument :** ....

....

Doc. 4 **Argument :** Strasbourg est le siège d'institutions européennes.

B. Des régions innovantes

Doc. 4 **Argument :** ....

....

REPÈRE SPATIAL

★ Écrivez le numéro correspondant aux trois régions composant le Nord et le Nord-Est de la France sur la carte de France n° 2, fiche 32.

La région lyonnaise

FICHE 28

A Sur quoi repose l'importance de l'agglomération lyonnaise ?

1. Entourez dans le titre de la carte ce qui montre l'importance de l'agglomération lyonnaise.

2. Sur la carte, écrivez dans les puces le numéro des deux fleuves qui se rencontrent à Lyon.
   1 Le Rhône 2 La Saône

3. Entre quels massifs montagneux l'agglomération lyonnaise est-elle située ?

....

....

....

4. D'après le réseau autoroutier, qu'est-ce qui montre que Lyon occupe une place privilégiée de carrefour ?

....

....

....

....

5. À partir du plan, reliez chaque lieu à la fonction qui est la sienne.

Doc. 1 Lyon, 2e agglomération française, 1,650 million d'habitants

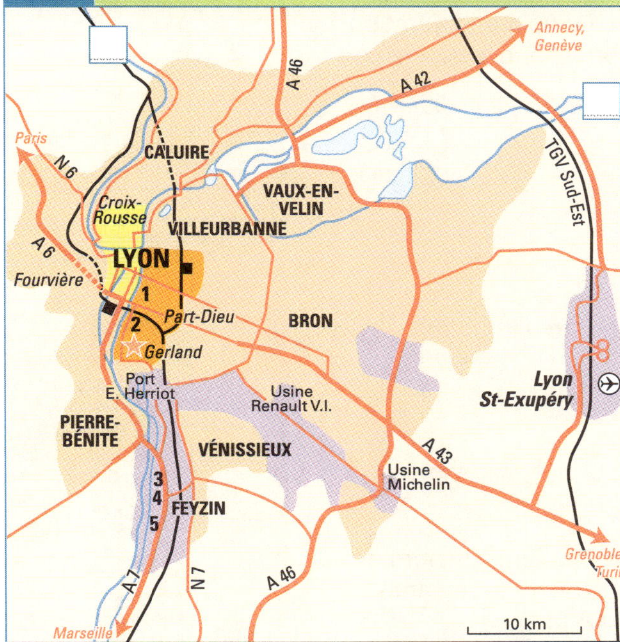

Centre-ville
- Quartiers historiques
  - Fourvière : ville gallo-romaine
  - Croix-Rousse : cité ouvrière au XIXe siècle
- Quartiers rénovés : Habitat et commerces, centre d'affaires de la Part-Dieu
  - 1 Universités, grandes écoles
  - 2 Institut Pasteur
  - ★ Technopôle

Banlieue
- Habitat collectif et pavillonnaire, Zone commerciale
- Zone industrielle
  - 3 Raffinerie TotalFina
  - 4 Centre de recherche TotalFina
  - 5 Institut français du Pétrole

Transports
- Ligne ferroviaire
- Gare TGV
- Autoroute
- Route nationale
- Aéroport international

Activité ou fonction	Nom de lieux
Touristique ☐	☐ La Part-Dieu
Commerciale ☐	☐ Feyzin
Industrielle ☐	☐ Fourvière
Résidentielle ☐	☐ Gerland
Recherche ☐	☐ Vaux-en-Velin

B Comment la zone industrielle de Lyon est-elle organisée ?

6. Sur la photographie, écrivez le numéro correspondant à chaque élément du paysage :
   1 Lyon (centre-ville)
   2 Vénissieux (grands ensembles)
   3 Feyzin (grands ensembles et pavillons)
   4 Canal du Rhône
   5 Rhône
   6 Raffinerie TotalFina
   7 Autoroute A7
   8 Ligne TGV Sud-Est

7. Quel aménagement représente un risque technologique ?

....

....

....

8. Complétez la légende puis le croquis.

Doc. 2 La vallée du Rhône au sud de Lyon : le couloir de la chimie

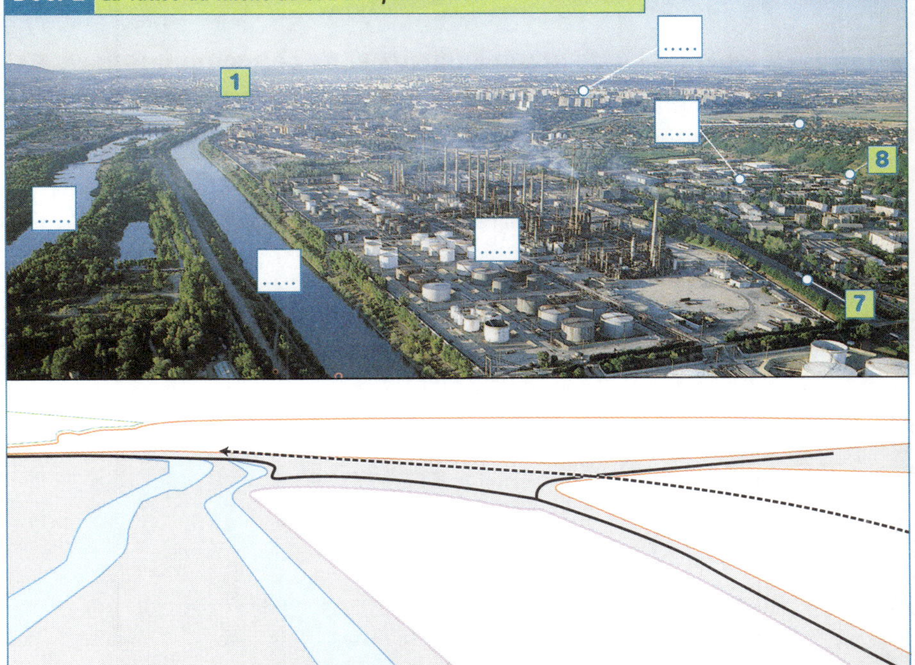

- Monts du Lyonnais
- Agglomération lyonnaise (centre-ville, banlieue et zone périurbaine)
- Zone industrielle
- ....
- ....
- ....

C Comment s'organisent la région lyonnaise et ses périphéries ?

9. Complétez la carte en écrivant le nom des quatre régions composant l'agglomération lyonnaise et ses périphéries.

10. Écrivez devant chaque agglomération le numéro lui correspondant sur la carte.
- Clermont-Ferrand : ....
- Saint-Étienne : ....
- Chambéry : ....
- Grenoble : ....
- Dijon : ....

11. Qu'est-ce qui montre l'influence de Lyon sur ses périphéries ?

....

....

....

12. Dans la légende, soulignez le nom des deux activités qui participent au dynamisme économique des Alpes.

Doc. 3 L'organisation de l'espace lyonnais

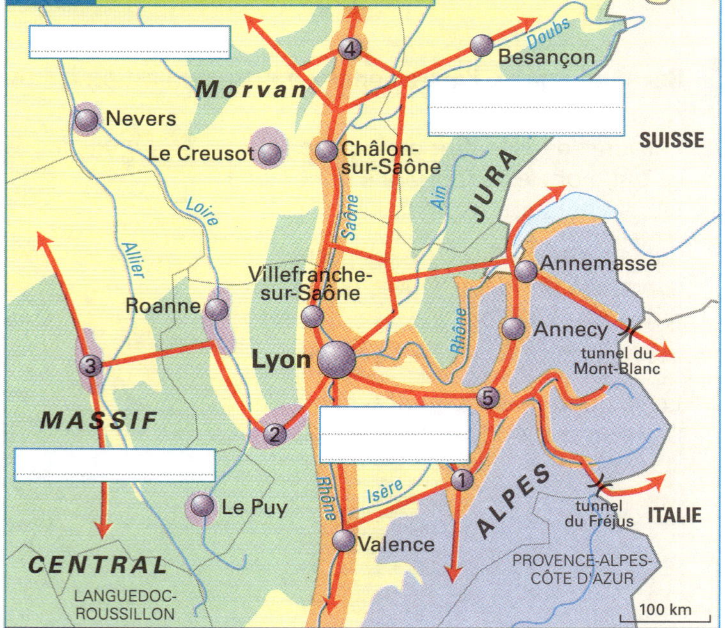

Les espaces dynamiques
- Vallées densément peuplées, industries et transports, vigne et maraîchers
- Hautes montagnes, élevage, tourisme important (stations de ski) et hydroélectricité
- Plateaux peu peuplés, élevage et céréaliculture
- Axes de communication

Les espaces en crise
- Moyennes montagnes peu peuplées, élevage et tourisme vert
- Espace de reconversion industrielle

Les agglomérations
- Plus d'un million d'habitants
- Autre grande agglomération

je m'entraîne pour le brevet

PARAGRAPHE ARGUMENTÉ

▶ **Bâtir un plan détaillé (4)**

Après avoir compris le sujet, délimité et trouvé les parties du plan, on peut commencer à bâtir un plan détaillé. Chaque partie doit alors être organisée en sous-parties.

★ Sur le modèle de la première partie proposée, organisez la deuxième partie à l'aide des documents et de vos réponses aux questions.

Sujet : À l'aide des documents et de vos connaissances, rédigez un paragraphe argumenté montrant l'importance de la région lyonnaise en France.

1re partie : Une région peuplée

A. Une grande agglomération

Doc. 1 **Argument :** Lyon est la deuxième agglomération française avec 1,65 million d'habitants. Sa banlieue est très étendue.

B. Une région aux fortes densités

Doc. 3 **Argument :** La population est très dense, en particulier dans les vallées.

2e partie : ....

A. ....

Doc. 2 **Argument :** ....

B. ....

Doc. 1 **Argument :** ....

C. ....

Doc. 1 et **Doc. 3** **Argument :** ....

REPÈRE SPATIAL

★ Écrivez le numéro correspondant aux quatre régions composant la région lyonnaise et ses périphéries sur la carte de France n° 2, fiche 32.

Les Midis

A Quelles sont les caractéristiques des Midis ?

Doc. 1 Une région attractive

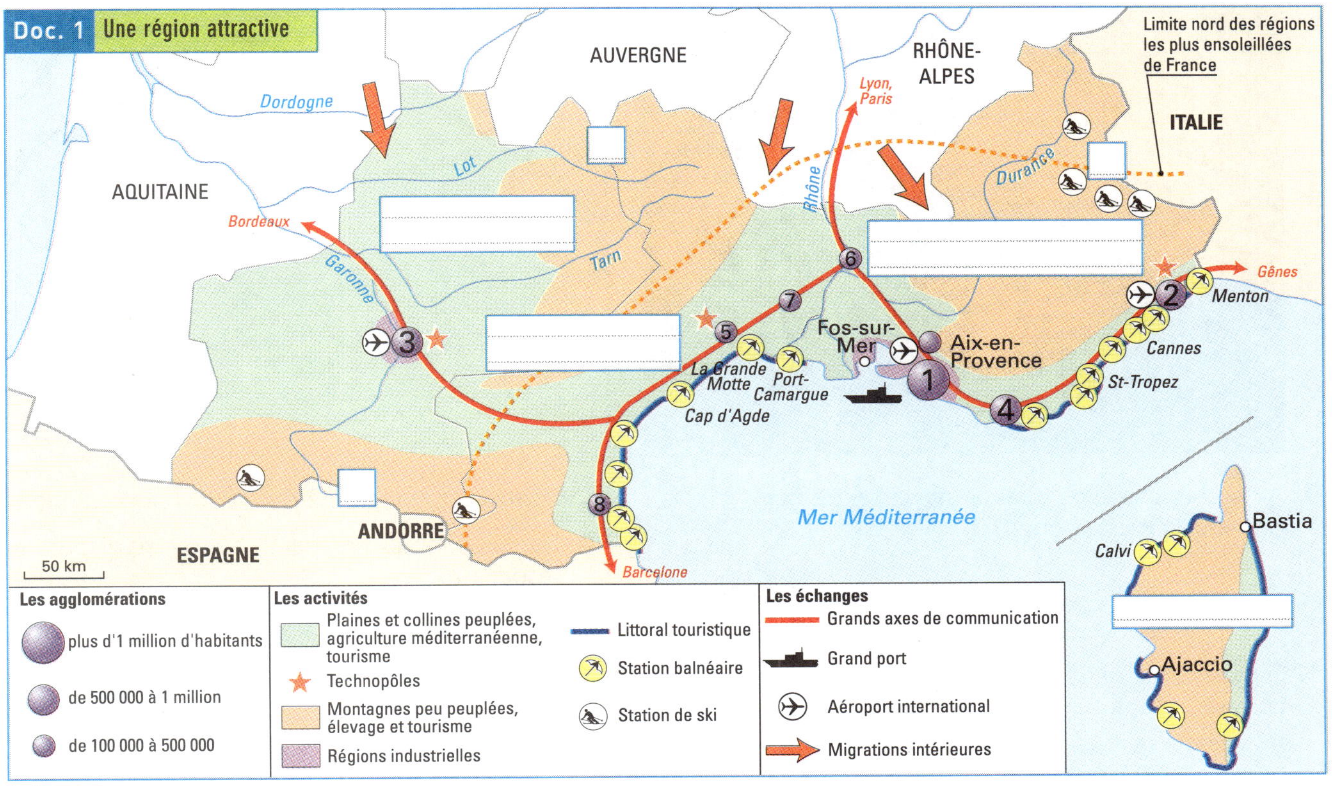

1. Sur la carte, écrivez le nom des quatre régions composant les Midis.
2. Écrivez sur la carte la lettre correspondant à chaque massif montagneux :
   A Massif central B Alpes C Pyrénées
3. Où les hommes et les activités se concentrent-ils ?
   ....
   ....
   ....
   ....
4. Écrivez en face de chaque agglomération le numéro lui correspondant sur la carte :
   - Avignon : ....
   - Marseille : ....
   - Montpellier : ....
   - Nice : ....
   - Nîmes : ....
   - Perpignan : ....
   - Toulon : ....
   - Toulouse : ....
5. Soulignez les deux activités économiques favorisées par le fort ensoleillement de ces régions.
6. Entourez dans la légende l'élément montrant que les Midis attirent de la population.

B Quelles activités industrielles se développent à Toulouse ?

7. Dans le texte 2A, encadrez le nom des activités qui se sont développées à Toulouse.
8. Comment expliquer l'implantation de ces industries à l'origine ?
   ....
   ....
   ....
9. Dans le texte 2B, soulignez les passages qui montrent que ces activités contribuent au dynamisme de Toulouse.

Doc. 2 Le dynamisme de Toulouse

A. « Toulouse a bénéficié de la politique menée par l'État (métropoles d'équilibre et décentralisation de services publics de la Météorologie nationale) qui lui a permis d'être pionnière dans l'aéronautique [implantation des entreprises Airbus, Dassault]. De nombreuses firmes et laboratoires travaillent pour l'industrie spatiale. Le technopôle toulousain regroupe des activités liées à l'électronique, à l'informatique, aux biotechnologies, etc. »

D'après Philippe Piercy, *La France, le fait régional*, coll. « Carré Géographie », Hachette, 2005.

B. « L'agglomération de Toulouse croît et concentre 28 % de la population et plus de 50 % des emplois de la région. L'implantation récente d'industries de hautes technologiques a suscité le fourmillement de PME [petites et moyennes entreprises] et donné à la ville une image dynamique et novatrice. »

Pierre Limouzin, *La France et ses régions : inégalités et mutations*, Armand Colin, 2000.

C Comment le littoral est-il aménagé à Port-Camargue ?

Doc. 2 Photo aérienne de Port-Camargue

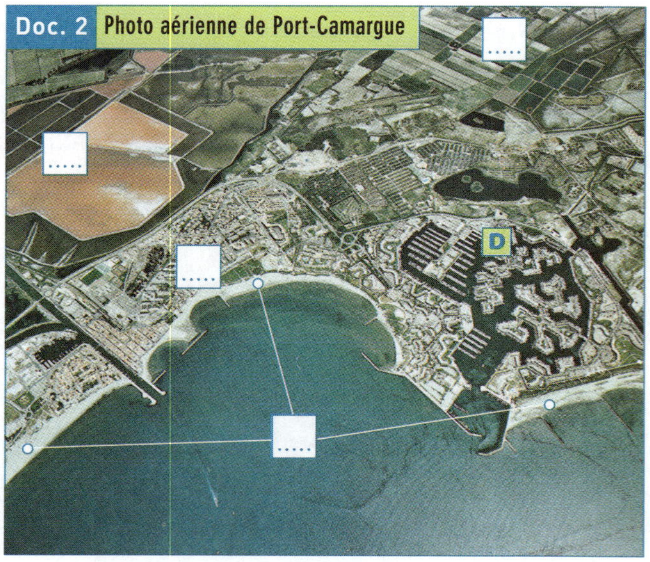

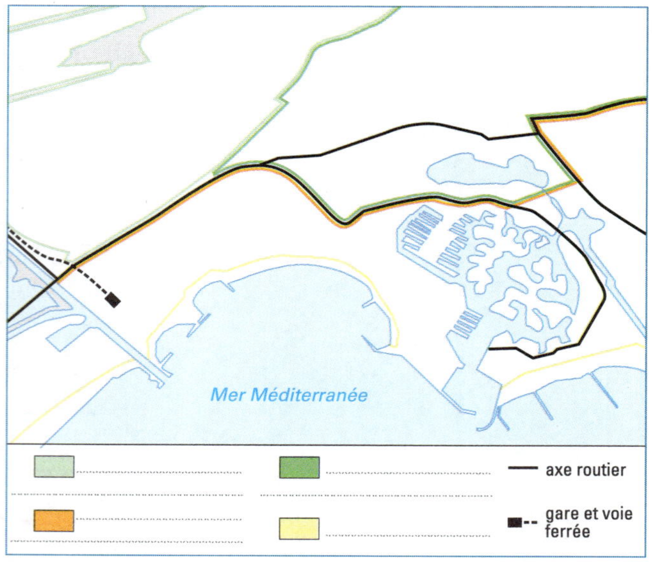

10. À l'embouchure de quel fleuve est situé Port-Camargue (document 1) ?

....

....

11. Écrivez sur la photographie les lettres correspondant aux éléments suivants :

A marais salants B cultures sous serre

C station balnéaire D marina E plages

12. Complétez la légende du croquis puis coloriez-le.

13. Quelles sont les deux activités qui se disputent l'espace ?

....

....

....

....

je m'entraîne pour le brevet

PARAGRAPHE ARGUMENTÉ

▶ **Utiliser des connecteurs logiques**

Pour rédiger un paragraphe argumenté, on introduit les arguments en utilisant des connecteurs logiques.

★ À partir de la liste de connecteurs logiques proposée, complétez le paragraphe argumenté ci-dessous.

ainsi • en particulier • notamment • en effet • telles que • comme

Sujet : À l'aide des documents et de vos connaissances, rédigez un paragraphe argumenté montrant le dynamisme et les difficultés des Midis de la France.

Les Midis sont des régions très peuplées. La population se concentre surtout dans les plaines littorales et les vallées, au pied des montagnes.

Ce sont des régions attractives, dont le dynamisme repose .... sur le tourisme et sur une agriculture méditerranéenne. ...., une longue saison estivale favorise ces activités. Dans ces régions, ... à Toulouse, se développent des industries nouvelles .... l'aéronautique et l'aérospatiale. ...., ces industries renforcent le poids économique et l'attractivité des Midis.

Cependant, le développement du tourisme a entraîné de nombreuses constructions .... sur les littoraux provoquant non seulement des problèmes d'environnement mais aussi une forte concurrence avec les espaces agricoles.

REPÈRE SPATIAL

★ Écrivez le numéro correspondant aux quatre régions composant les Midis sur la carte de France n° 2, fiche 32.

L'Ouest atlantique

A Quelles sont les principales activités de l'Ouest atlantique ?

1. Sur la carte, écrivez le nom des cinq régions composant l'Ouest atlantique, puis le nom de l'océan et de la mer qui le bordent.

2. Écrivez devant chaque ville le numéro qui lui correspond sur la carte.
   - Angers : .... • Bordeaux : ....
   - Brest : .... • Nantes : .... • Rennes : ....

3. Écrivez sur la carte la lettre correspondant à la localisation de chaque photographie (doc. 2).

4. Quelles sont les activités présentes :
   - sur les côtes ?

   ....

   ....

   ....

   - à l'intérieur des terres ?

   ....

   ....

   ....

   ....

5. Qu'est-ce que l'élevage hors-sol ?

....

....

....

....

....

Doc. 1 Des régions océaniques et agricoles

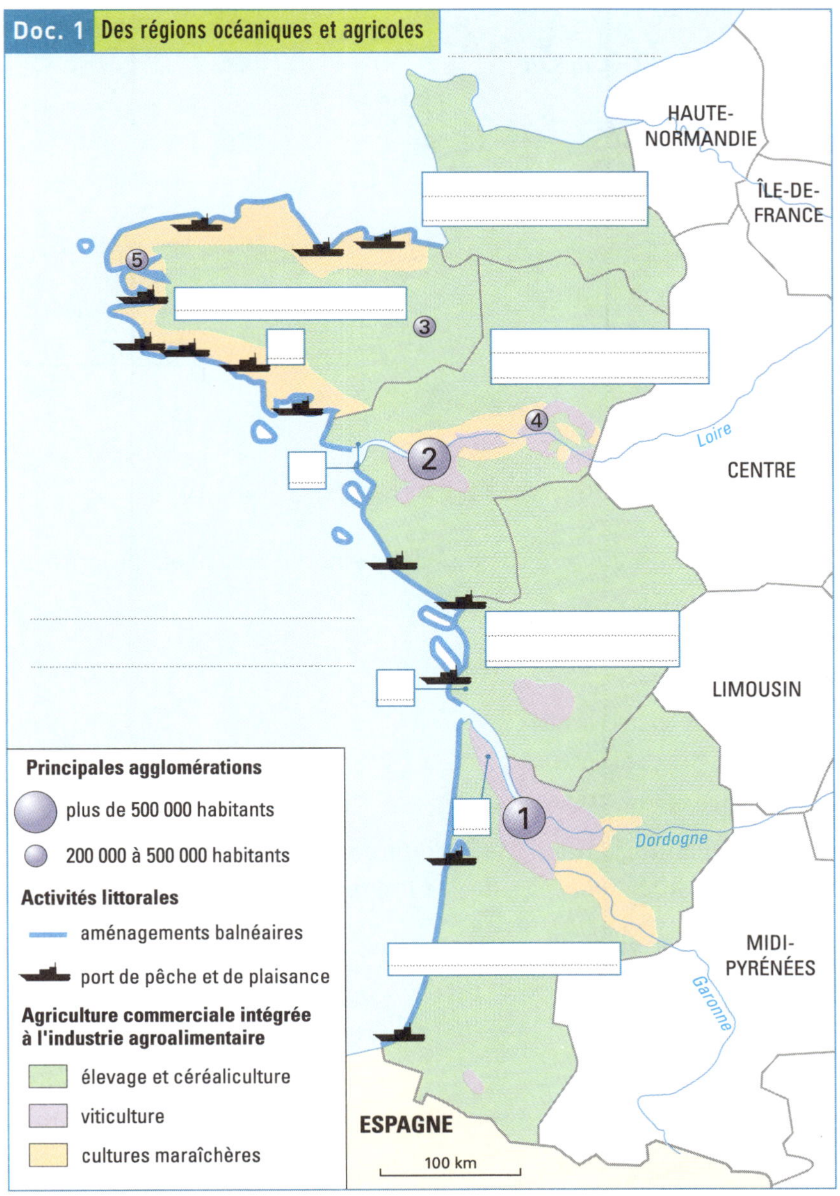

Doc. 2 Des paysages de l'Ouest atlantique

A Élevage hors-sol et céréaliculture dans le Morbihan

B Parcs à huîtres à Marennes-Oléron

C Chantiers navals à Saint-Nazaire

D Château du vignoble bordelais (Médoc)

B Comment le Futuroscope dynamise-t-il la région Poitou-Charentes ?

6. À proximité de quelle ville est situé le parc du Futuroscope ?

....

....

....

7. Sur le plan, entourez le périmètre du parc de loisirs du Futuroscope.

8. Le parc est aussi un technopôle. À l'aide du plan, citez le nom :

- d'une entreprise de haute technologie ou de services :

....

....

- d'un établissement de recherche et de formation :

....

....

9. Soulignez en légende les équipements prévus pour les visiteurs.

10. Quels sont les trois axes de transport desservant le parc du Futuroscope ?

....

....

....

Doc. 3 Le parc du Futuroscope

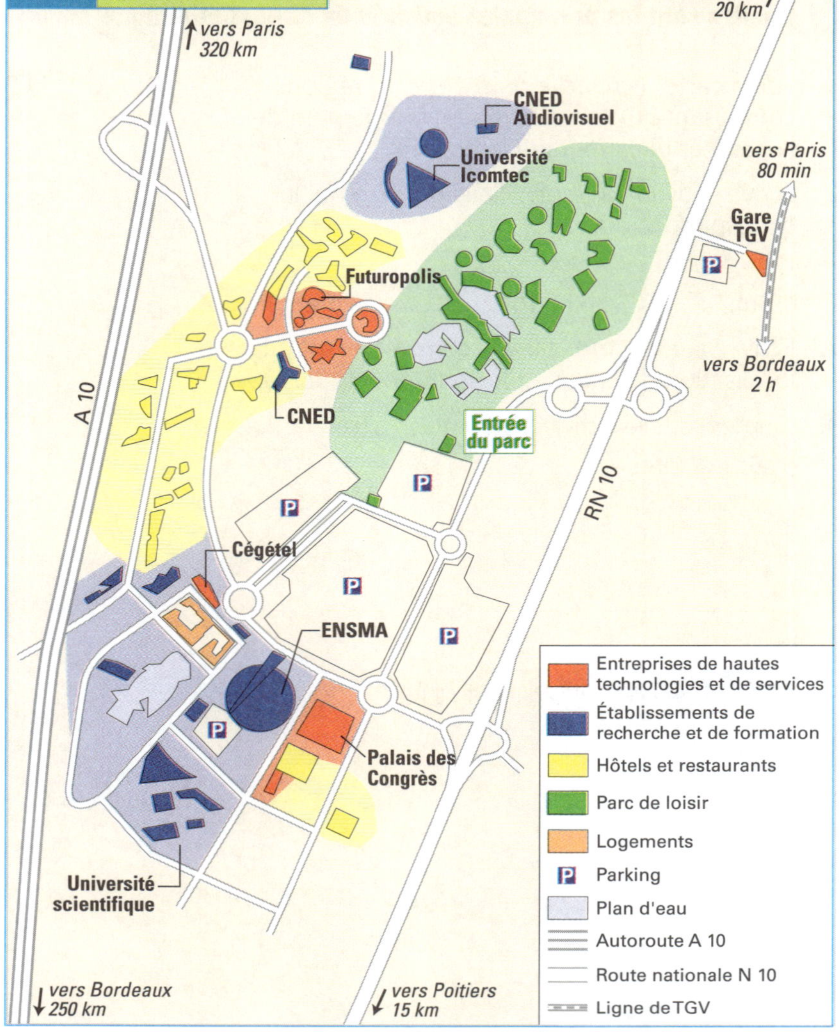

je m'entraîne pour le brevet

PARAGRAPHE ARGUMENTÉ

▶ **Rédiger un paragraphe argumenté (1)**

★ Appliquez les étapes de la méthode de rédaction d'un paragraphe argumenté aux sujets proposés.

1. **Je distingue et définis les termes importants du sujet.**
2. **Je détermine les limites temporelles et spatiales du sujet.**
3. **Je trouve les parties composant le plan.**
4. **J'organise la réponse à rédiger en deux ou trois parties.**
5. **Je sélectionne les arguments à partir des documents.**
6. **Je rédige en soignant l'argumentation avec des connecteurs logiques.**

Sujet n° 1 : À l'aide des documents et de vos connaissances, rédigez un paragraphe argumenté montrant l'importance de la proximité de l'océan dans l'organisation de l'Ouest atlantique.

Sujet n° 2 : À l'aide des documents et de vos connaissances, rédigez un paragraphe argumenté montrant le dynamisme actuel de l'Ouest atlantique.

REPÈRE SPATIAL

★ Écrivez le numéro correspondant aux cinq régions composant l'Ouest atlantique, ainsi que le numéro de la région Limousin, sur la carte de France n° 2, fiche 32.

Les DOM-TOM

A Quelles sont les caractéristiques des DOM-TOM ?

Doc. 1 La France d'Outre-mer

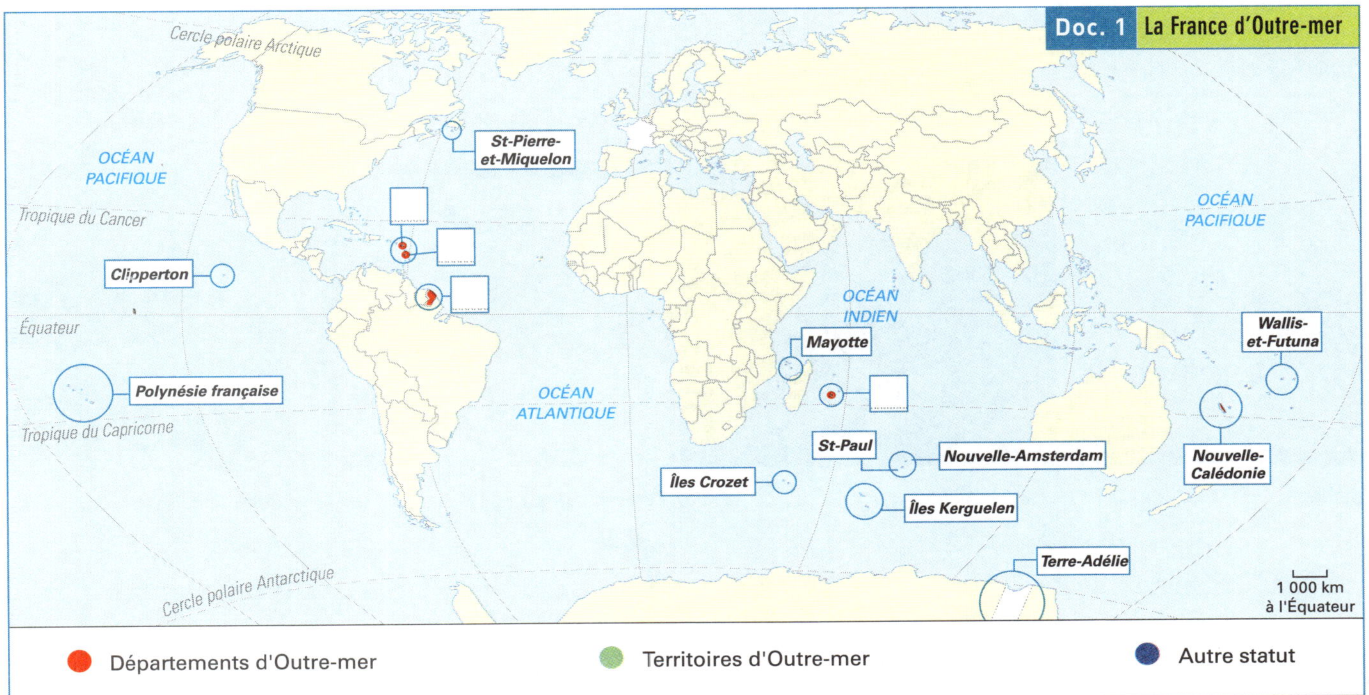

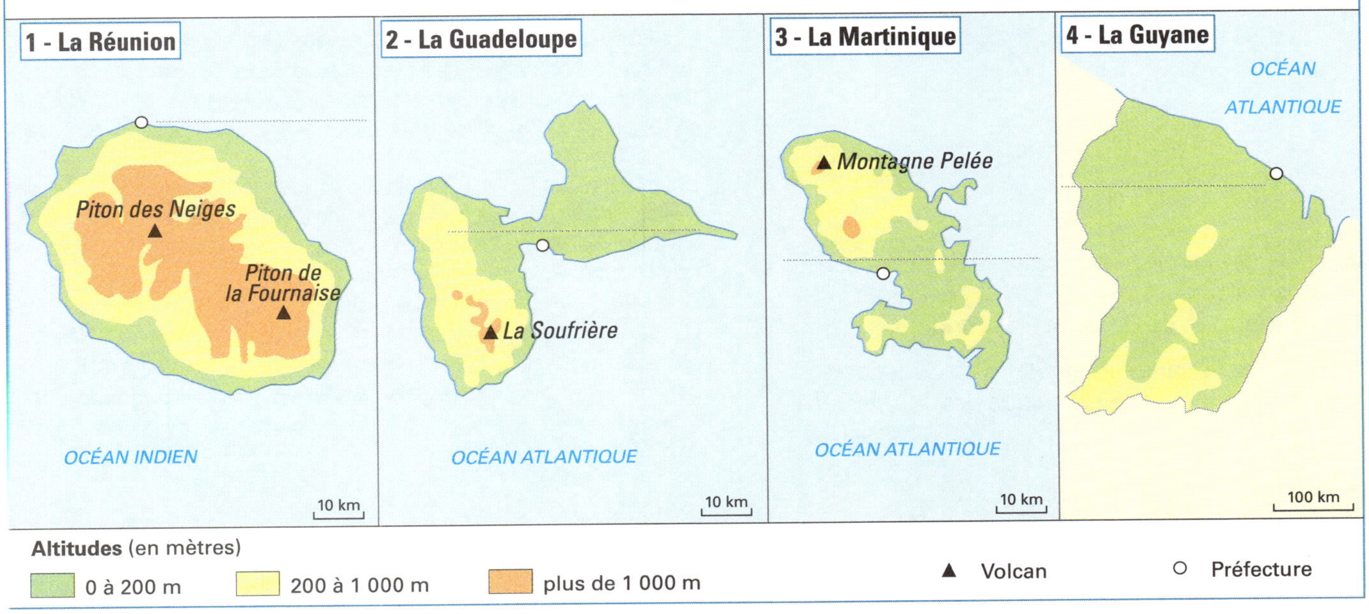

1. Sur le planisphère, coloriez en rouge la France métropolitaine.

2. Écrivez sur le planisphère le numéro correspondant aux quatre départements d'Outre-mer (DOM).

3. À partir de la liste suivante, écrivez sur chaque carte des DOM le nom de sa préfecture.

- Pointe-à-Pitre
- Cayenne
- Saint-Denis
- Fort-de-France

4. Sur le planisphère, coloriez en vert le nom des territoires d'Outre-mer, et en bleu le nom des terres dépendant d'un autre statut.

5. Écrivez en vous aidant de la carte le nom du territoire le plus proche de la métropole et le nom d'un des plus éloignés.

....

....

....

6. À l'exception de la Guyane et de la Terre-Adélie, quelle est la caractéristique commune des départements et des territoires d'Outre-mer ?

....

....

B Quelles sont les principales ressources des DOM-TOM ?

7. Sous chaque photographie, écrivez le nom de la zone climatique à laquelle appartient chaque paysage.
8. En vous aidant de la liste suivante, reportez sous chaque photographie l'activité représentée :
   - Tourisme
   - Pêche
   - Recherche scientifique
   - Culture de canne à sucre

Doc. 2 Diversités des paysages et des activités en France d'Outre-mer

A Port de Saint-Pierre-et-Miquelon

Zone climatique : ....

Activité : ....

....

B Exploitation agricole à la Réunion

Zone climatique : ....

Activité : ....

....

C Base de Dumont d'Urville en Terre-Adélie

Zone climatique : ....

Activité : ....

....

D Hôtel à Bora Bora en Polynésie française

Zone climatique : ....

Activité : ....

....

C Quelles sont les difficultés des DOM-TOM ?

9. D'après le texte, à quels risques naturels les DOM-TOM sont-ils exposés ?

....

....

....

10. Soulignez les éléments montrant la dépendance économique des DOM-TOM à l'égard de la métropole et de l'Union européenne.
11. Entourez la phrase illustrant les conséquences sociales du retard économique des DOM-TOM.

Doc. 3 La France d'Outre-mer aujourd'hui

« La France d'Outre-mer est davantage exposée que la métropole à des risques naturels, cycloniques, sismiques ou volcaniques. Des exemples de catastrophes majeures en témoignent : l'éruption de la montagne Pelée en Martinique en 1902 avait fait 28 000 morts ; un ouragan sur la Guadeloupe en 1928 avait fait 1 200 morts.
La prospérité des DOM-TOM dépend presque entièrement de l'État et de l'Union européenne sous forme d'aides, de prestations sociales ou de salaires artificiellement élevés. De plus, la majorité des échanges commerciaux s'opère avec la métropole.
En mai 2003, un rapport du Sénat souligne le "relatif retard économique" de l'Outre-mer français. Ainsi le taux de chômage est élevé comme à la Réunion (36 % des actifs) et où 20 % des plus de 26 ans sont allocataires du RMI. »

D'après **http://www.ladocumentationfrancaise.fr/dossiers**, 2005

… pour le brevet

PARAGRAPHE ARGUMENTÉ

▶ **Rédiger un paragraphe argumenté (2)**

★ Appliquez les étapes de la méthode de rédaction d'un paragraphe argumenté au sujet proposé.

1. **Je distingue et définis les termes importants du sujet.**
2. **Je détermine les limites temporelles et spatiales du sujet.**
3. **Je trouve les parties composant le plan.**
4. **J'organise la réponse à rédiger en deux ou trois parties.**
5. **Je sélectionne les arguments à partir des documents.**
6. **Je rédige en soignant l'argumentation avec des connecteurs logiques.**

Sujet : À l'aide des documents et de vos connaissances, rédigez un paragraphe argumenté montrant les difficultés et les atouts de la France d'Outre-mer.

REPÈRE SPATIAL

★ Écrivez le nom des possessions françaises d'Outre-mer sur le planisphère, fiche 32.

FICHE 32

Les repères spatiaux

L'Europe

1. Écrivez sur la carte de l'Europe le nom de tous les États d'Europe.
2. Coloriez en bleu les États membres de l'Union européenne et complétez le tableau en indiquant le nom des capitales des États membres de l'Union européenne.
3. Écrivez sur la carte le nom de l'océan et des mers suivants : mer Baltique, mer du Nord, océan Atlantique, mer Méditerranée et mer Noire.
4. Écrivez sur la carte le nom des fleuves suivants : le Rhin, le Danube et la Volga.

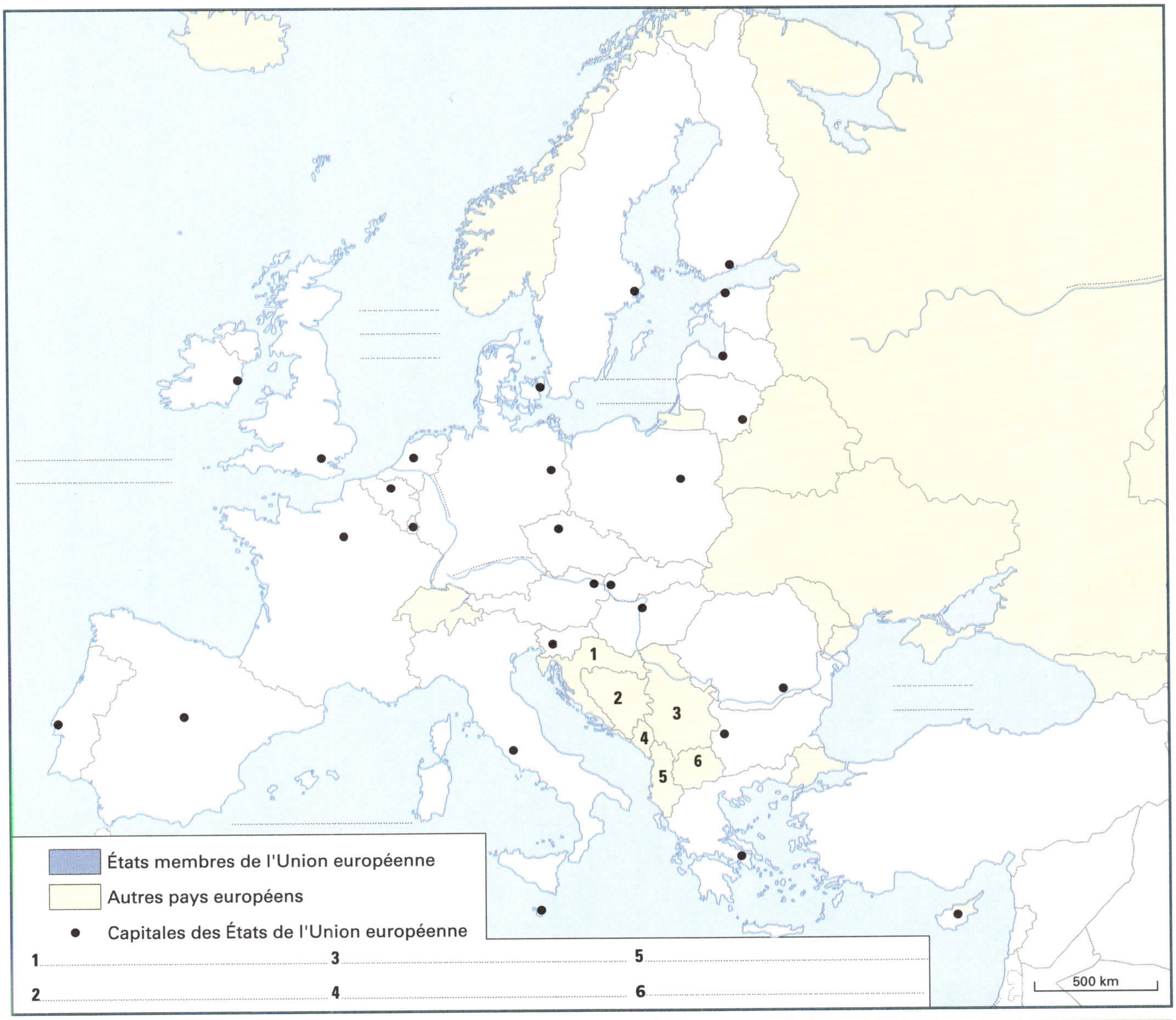

Pays de l'UE	Capitales	Pays de l'UE	Capitales	Pays de l'UE	Capitales	Pays de l'UE	Capitales
Allemagne	....	Estonie	....	Irlande	....	Portugal	....
Autriche	....	Finlande	....	Lettonie	....	Roumanie	....
Belgique	....	France	....	Lituanie	....	Royaume-Uni	....
Bulgarie	....	Grèce	....	Luxembourg	....	Slovaquie	....
Chypre	....	Hongrie	....	Malte	....	Slovénie	....
Danemark	....	Italie	....	Pays-Bas	....	Suède	....
Espagne	....			Pologne	....	Rép. tchèque	....

La France

1. Écrivez dans la légende de la carte n°1, devant le nom de chaque massif montagneux et de chaque fleuve, le numéro ou la lettre qui lui correspond sur la carte.
2. Écrivez sur la carte n°1 le nom des principales villes françaises.
3. Écrivez sur la carte n° 2 le numéro correspondant à chaque région administrative en légende. Puis coloriez votre région en rouge.
4. Écrivez sur le planisphère le nom des possessions françaises d'Outre-mer.

Carte n°1

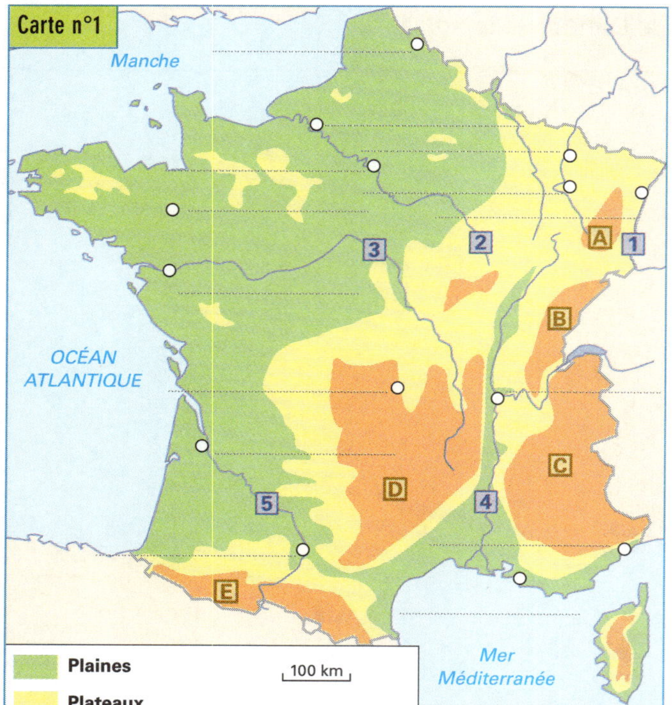

- **Plaines**
- **Plateaux**
- **Massifs montagneux**
  - .... Alpes
  - .... Jura
  - .... Massif Central
  - .... Pyrénées
  - .... Vosges
- **Fleuves**
  - .... Garonne
  - .... Loire
  - .... Rhin
  - .... Rhône
  - .... Seine
- ○ **Principales villes**
  Bordeaux, Toulouse Clermont-Ferrand, Lille, Lyon, Marseille, Metz, Nancy, Nantes, Nice, Paris, Rennes, Rouen, Strasbourg

Carte n°2

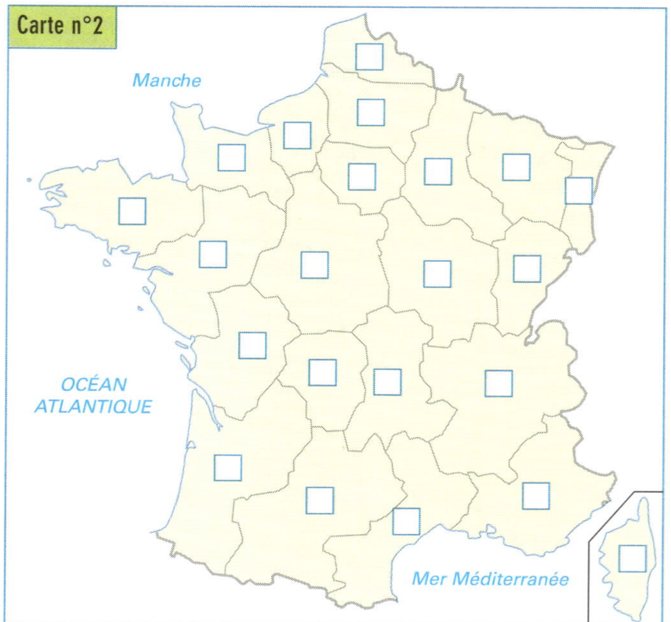

8	Alsace	3	Haute-Normandie	1	Nord-Pas-de-Calais
18	Aquitaine	10	Pays-de-la-Loire	17	Rhône-Alpes
16	Auvergne	2	Picardie	22	Corse
12	Bourgogne	14	Poitou-Charentes	13	Franche-Comté
9	Bretagne	21	Provence-Alpes-Côte d'Azur	5	Île-de-France
11	Centre	15	Limousin	20	Languedoc-Roussillon
6	Champagne-Ardenne	7	Lorraine		
4	Basse-Normandie	19	Midi-Pyrénées		

Planisphère

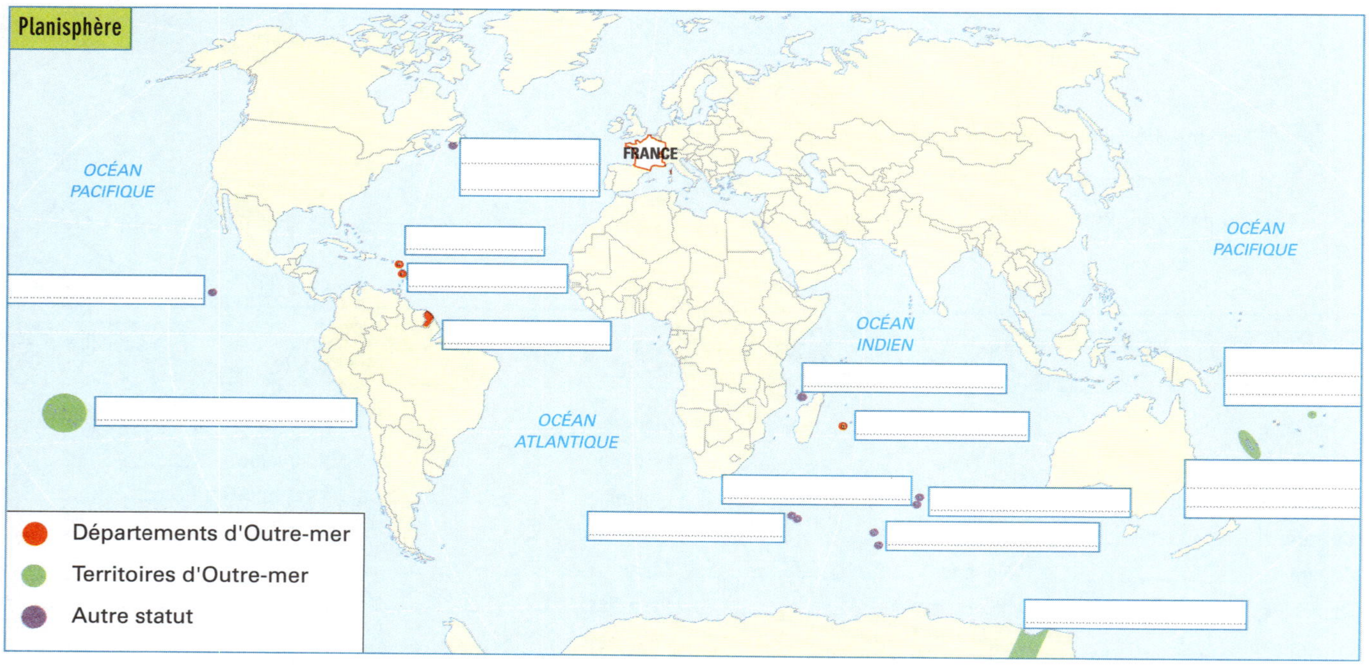

- Départements d'Outre-mer
- Territoires d'Outre-mer
- Autre statut

Les libertés et les droits fondamentaux

FICHE 1

A Quels sont les libertés et les droits fondamentaux garantis en France ?

Doc. 1 La Déclaration des droits de l'homme et du citoyen, 26 août 1789

« Art. 1 - Les hommes naissent et demeurent libres et égaux en droits. […] »

1. Soulignez dans l'article 1 de la Déclaration des droits de l'homme et du citoyen le passage qui affirme que la liberté est un droit naturel.

2. Quel autre principe est affirmé dans cet article ?

……………………………………………………………………

……………………………………………………………………

3. Après quel événement ce texte a-t-il été proclamé ?

……………………………………………………………………

……………………………………………………………………

4. Dans le document 2, reliez chacun des articles extraits des grands textes fondamentaux à la liberté ou au droit qui lui correspond.

Doc. 2 Les libertés et les droits fondamentaux garantis en France

Déclaration des droits de l'homme et du citoyen, 1789

- **Art 10.** Nul ne doit être inquiété pour ses opinions, même religieuses […].
- **Art 11.** […] Tout citoyen peut parler, écrire, imprimer librement […].
- **Art 17.** La propriété étant un droit inviolable et sacré, nul ne peut en être privé.

Préambule de la Constitution de la IVe République, 1946

- **5.** Chacun a le devoir de travailler et le droit d'obtenir un emploi.
- **6.** Tout homme peut défendre ses droits et ses intérêts par l'action syndicale […].
- **7.** Le droit de grève s'exerce dans le cadre des lois qui le réglementent.
- **11.** [La Nation] garantit à tous […] la protection de la santé, la sécurité matérielle, le repos et les loisirs.
- **13.** La Nation garantit l'égal accès […] à l'instruction.

▶ Liberté d'opinion ◀

▶ Liberté d'expression ◀

▶ Droit de propriété ◀

▶ Liberté de religion ◀

▶ Droit à la vie privée ◀

▶ Liberté de circuler ◀

▶ Droit de réunion et d'association ◀

▶ Droit de grève ◀

▶ Droit syndical ◀

▶ Droit au travail ◀

▶ Droit à l'instruction ◀

▶ Droit à la protection sociale ◀

Déclaration universelle des droits de l'homme, 1948

- **Art 12.** Nul ne sera l'objet d'immixtions arbitraires dans sa vie privée.
- **Art 13.** Toute personne a le droit de circuler librement […].
- **Art 19.** Tout individu a droit à la liberté d'opinion et d'expression […].
- **Art 20.** Toute personne a droit à la liberté de réunion et d'association […].
- **Art 23.** Toute personne a droit au travail […] et à une protection contre le chômage.

B Comment et pourquoi les libertés sont-elles limitées ?

5. Soulignez dans le document 3 la phrase qui définit la liberté.

6. Qu'est-ce qui limite le droit pour chacun d'exercer sa liberté ?

....

....

....

Doc. 3 La Déclaration des droits de l'homme et du citoyen, 26 août 1789

« Art. 4 - La liberté consiste à pouvoir faire tout ce qui ne nuit pas à autrui : ainsi, l'exercice des droits naturels de chaque homme n'a de bornes que celles qui assurent aux autres membres de la société la jouissance de ces mêmes droits. Ces bornes ne peuvent être déterminées que par la loi. »

Doc. 4 Aller et venir, un droit encadré par la loi

Textes et lois	.... Accords internationaux	.... Code de la route	.... Code civil
Buts	..... Assurer le respect de chacun	..... Réglementer la circulation des personnes entre deux pays	..... Éviter les accidents

7. Sur le document 4, écrivez pour chaque loi et chaque but concernés le numéro de la photographie correspondante.

8. Pourquoi est-il nécessaire d'encadrer les libertés par des lois ?

....

....

je m'entraîne pour le brevet

PARAGRAPHE ARGUMENTÉ ▶ **Comprendre un sujet d'éducation civique (1)**

Avant de rédiger un paragraphe argumenté, il faut comprendre le sujet. Pour cela, il convient d'identifier les termes importants du sujet et d'en définir le sens par rapport au sujet.

★ Les termes importants du sujet sont soulignés. Expliquez-les dans les cases correspondantes.

Sujet : À l'aide des documents et de vos connaissances, rédigez un paragraphe argumenté montrant que les libertés sont fondamentales en démocratie mais qu'elles doivent être encadrées.

les libertés	fondamentales	démocratie	encadrées
....	....	....	....
....	....	....	....
....	....	....	....
....	....	....	....
....	....	....	....
....	....	....	....
....	....	....	....
....	....	....	....

Un droit essentiel en démocratie : le droit de vote

FICHE 2

A Quelles sont les grandes étapes de la conquête du droit de vote ?

1. Dans l'extrait de l'article 3 de la Déclaration des droits de l'homme et du citoyen (doc. 1), encadrez qui détient le pouvoir (la souveraineté).

Doc. 1 La conquête de la démocratie politique en France

Déclaration des droits de l'homme et du citoyen

« Art. 3 - Le principe de toute souveraineté réside essentiellement dans la Nation. Nul corps, nul individu ne peut exercer d'autorité qui n'en émane expressément.

Art. 6 - La loi est l'expression de la volonté générale. Tous les citoyens ont droit de concourir personnellement, ou par leurs représentants, à sa formation [...].»

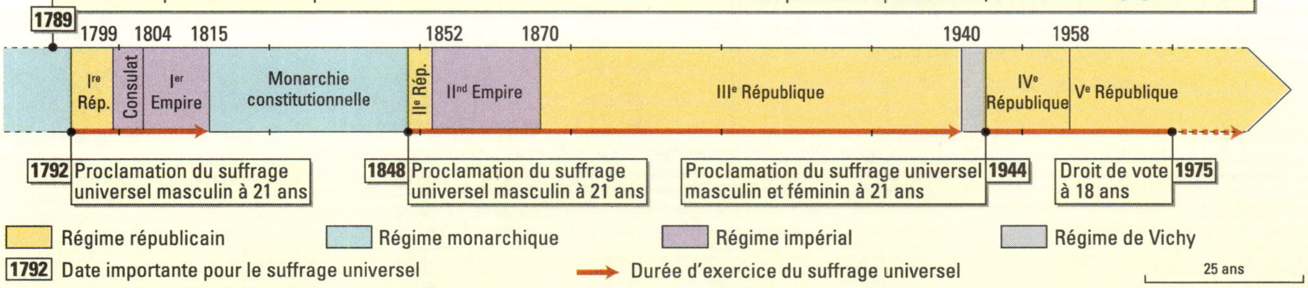

2. Soulignez le passage de l'article 6 qui montre l'égalité politique des citoyens en France.

3. Comment les citoyens exercent-ils leur droit et leur devoir politique ? Cochez la ou les bonnes réponses.

- ☐ Par le vote pour l'élection de leurs représentants
- ☐ Par l'exercice du pouvoir
- ☐ Par la liberté d'expression
- ☐ En étant candidat à l'élection

4. En vous aidant du titre de la fiche, donnez un synonyme du mot suffrage.

....

....

5. D'après la frise, sous quel régime politique et à quelle date le suffrage universel a-t-il été proclamé pour la première fois ?

....

....

....

6. À quelles dates le suffrage universel a-t-il été élargi à une plus grande partie de la population ?

....

....

....

B Le droit de vote est-il un devoir ?

Doc. 2 La liberté de voter

« L'obligation du vote existe dans certains pays, tels que la Belgique, la Suisse ou la Grèce. En France elle n'a jamais été envisagée sérieusement. Car si le vote est un droit, on peut, comme tout autre droit, ne pas l'exercer (comme par exemple la liberté de réunion ou d'association). Il serait donc paradoxal de transformer un droit aussi essentiel en contrainte légale par ailleurs difficile à appliquer.
En revanche, le droit de vote est moralement un devoir pour les citoyens, comme le rappelle l'inscription figurant sur les cartes électorales : "Voter est un droit, c'est aussi un devoir civique[1]". »

D'après www.vie-publique.fr, 2007.

1. Civisme : dévouement du citoyen pour la collectivité et respect des obligations et des lois.

7. Dans le document 2, soulignez le passage expliquant pourquoi le vote n'est pas une obligation en France.

8. Encadrez l'inscription figurant sur les cartes électorales.

9. Selon vous, pourquoi voter est-il un devoir civique ?

....

....

....

....

C Comment le vote se déroule-t-il ?

Doc. 3 Voter en France

« Le suffrage est direct, universel et secret.
Sont électeurs les Françaises et Français âgés de dix-huit ans accomplis, jouissant de leurs droits civils et politiques. Pour voter, l'inscription sur les listes électorales est obligatoire.
Le jour du vote a lieu un dimanche. Le bureau de vote comprend un **président (1)** et des **assesseurs (2)**. Chaque candidat peut désigner un représentant pour la surveillance de la salle.
L'électeur **présente une pièce d'identité (3)** et, si possible, sa carte d'électeur. Il **prend les bulletins des candidats et une enveloppe (4)** réglementaire, puis il passe dans **l'isoloir (5)** pour glisser le bulletin de son choix dans l'enveloppe. Il **dépose** ensuite cette enveloppe **dans une urne (6)** transparente scellée et **signe la liste électorale (7)**.
Le dépouillement du scrutin se fait après sa clôture et en public. On compte les signatures sur la liste électorale. Puis on vide l'urne et on compte le nombre d'enveloppes. On répartit les enveloppes sur les tables et on compte les voix obtenues par chaque candidat ainsi que les bulletins blancs et nuls. »

D'après le Code électoral au 15 octobre 2006.

Un dimanche électoral dans un bureau de vote

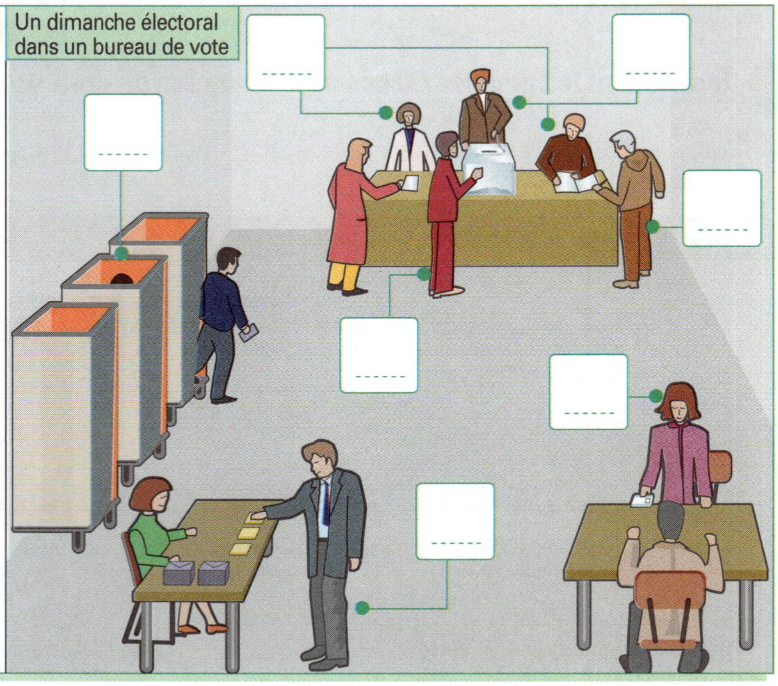

10. Soulignez dans le texte du document 3 les trois principes du suffrage en France.

11. Quelles sont les conditions à remplir pour être électeur ?

....

....

....

....

12. Complétez le dessin du bureau de vote à l'aide des expressions et des numéros en caractère gras.

13. Quels sont les moyens utilisés pour garantir le secret du vote ?

....

....

....

14. D'après le Code électoral, comment la régularité de l'élection est-elle garantie ?

....

....

....

je m'entraîne pour le brevet

PARAGRAPHE ARGUMENTÉ ▶ **Comprendre un sujet d'éducation civique (2)**

Avant de rédiger un paragraphe argumenté, il faut comprendre le sujet. Pour cela, il convient d'identifier les termes importants du sujet et d'en définir le sens par rapport au sujet.

★ Soulignez les termes importants du sujet puis expliquez-les dans les cases correspondantes.

Sujet : À l'aide des documents et de vos connaissances, rédigez un paragraphe argumenté montrant que le droit de vote, conquête de la République, permet l'exercice de la démocratie.

....	....	....
....	....	....
....	....	....
....	....	....
....	....	....
....	....	....
....	....	....
....	....	....
....	....	....

Des droits économiques et sociaux qui favorisent l'égalité

FICHE 3

A Quels sont les principaux acquis économiques et sociaux des Français ?

Doc. 1 La conquête des droits économiques et sociaux

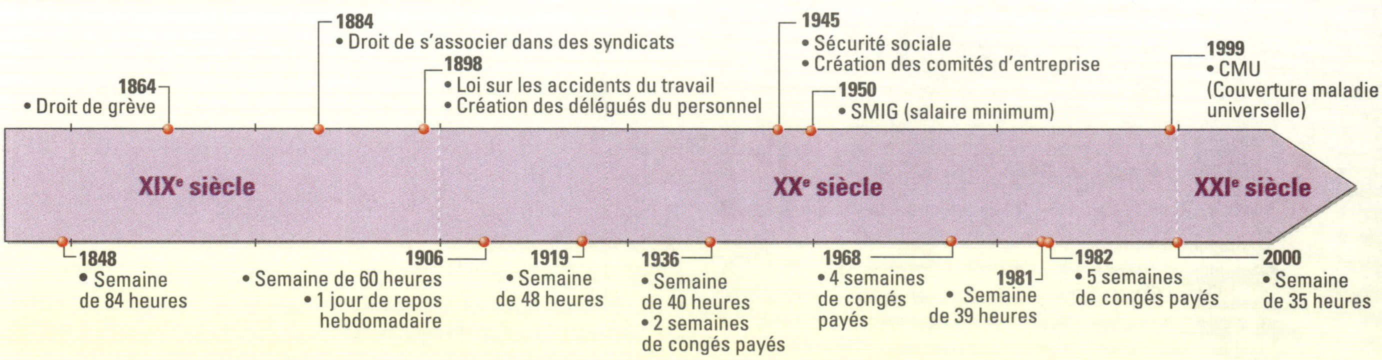

1. Sur la frise, encadrez les droits obtenus au XIXe siècle qui ont permis aux salariés de défendre leurs intérêts.

2. À l'aide de la frise, construisez le diagramme de l'évolution de la durée hebdomadaire du travail.

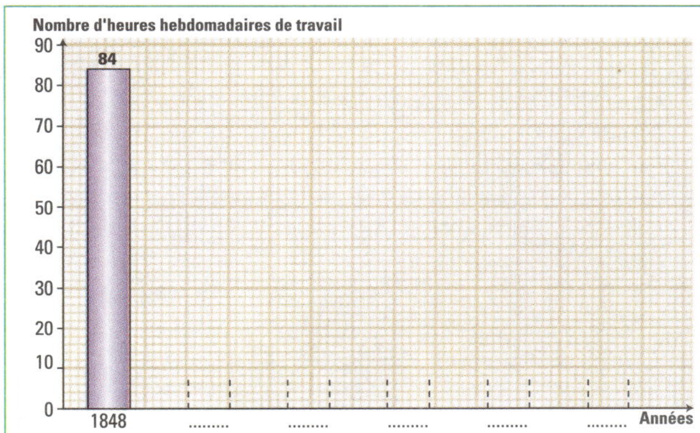

3. Que pouvez-vous dire de cette évolution ?

....

....

....

4. De quelle autre donnée doit-on tenir compte pour analyser l'évolution générale de la durée du travail ?

....

5. Quel est le droit acquis après la Seconde Guerre mondiale (1939-1945) qui protège les Français contre la maladie et la vieillesse ?

....

....

B Comment la négociation peut-elle faire avancer le droit du travail ?

6. Qu'est-ce qu'un syndicat ?

....

....

....

7. D'après cet article de presse, quel était l'objectif des négociations entre les partenaires sociaux ?

....

....

8. D'après la fin de l'article, pourquoi un accord est-il souhaitable ?

....

....

9. Soulignez les passages montrant la difficulté de ces négociations.

Doc. 2 Le rôle des organisations syndicales

« 13 heures de négociations auront été nécessaires. Mais le bras de fer engagé entre patronat et syndicats semble avoir trouvé une issue. Les partenaires sociaux[1] ont rédigé lundi soir un accord améliorant la prévention et l'indemnisation des accidents du travail et des maladies professionnelles.
Le syndicat du patronat, le Medef, et les syndicats de salariés FO et CFTC ont porté un avis favorable sur ce nouveau texte. [...] Le Medef espère obtenir l'adhésion "d'au moins trois syndicats". La CFDT a réservé sa réponse, portant "un regard contrasté" sur le texte, tandis que la CGT et la CFE-CGC ont émis un avis plus négatif [...].
Selon l'Assurance maladie[2], en 2005, les accidents du travail ont touché 708 642 salariés dans le secteur privé (données provisoires), soit une baisse de plus de 6 % depuis 2001. En revanche, les maladies professionnelles, davantage reconnues et diagnostiquées, ont augmenté de 45 % entre 2001 et 2005. »

« Les syndicats divisés à l'issue des négociations sur les accidents du travail », *La Tribune* (www.latribune.fr), 13 mars 2007.

1. Les syndicats de salariés et le syndicat du patronat.
2. La sécurité sociale.

C Comment l'État favorise-t-il l'égalité face à la protection sociale ?

Doc. 3 La CMU

« La CMU, couverture maladie universelle. Elle accorde un accès totalement gratuit aux soins de santé pour les personnes les plus démunies. Couvrant plusieurs millions de personnes qui autrefois ne se soignaient pas faute de ressources suffisantes, la CMU permet à ses bénéficiaires d'être dispensés par exemple de l'avance des frais chez le médecin.»

J.-Y. Capul et O. Garnier, *Dictionnaire d'économie et de sciences sociales*, Hatier, 2005.

Doc. 4 Résultats du testing réalisé auprès des médecins de 6 villes du Val-de-Marne en 2005

Attitude des médecins à l'égard de patients bénéficiant de la CMU

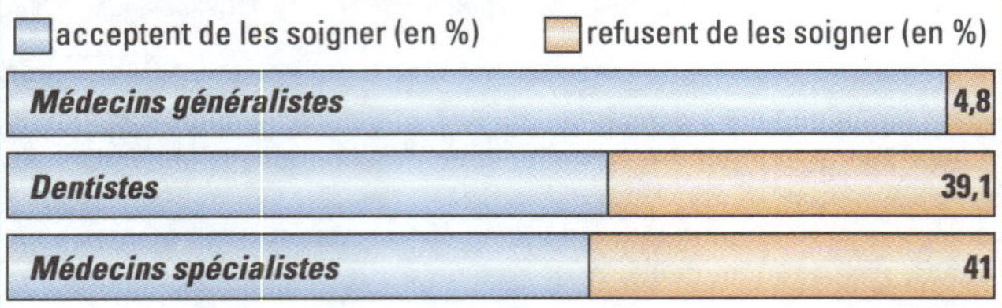

Source : DIES, Fond CMU, Synthèse du rapport final, mai 2006.

12. D'après le document 4, que fait apparaître ce testing ?

....

....

13. Sur le document 5, encadrez ce qu'est la Halde, puis soulignez par qui elle a été saisie.

14. Qu'est-ce qui justifie que la Halde demande au ministre de la Santé et des solidarités de prendre des mesures ?

....

....

....

10. D'après le document 3, qu'est-ce que la CMU et à qui s'adresse-t-elle ? Soulignez ses avantages.

....

....

....

11. En quoi la CMU défend-elle le principe républicain d'égalité ?

....

....

....

Doc. 5 Un communiqué de presse de la Halde

Liberté • Égalité • Fraternité
RÉPUBLIQUE FRANÇAISE

HAUTE AUTORITÉ DE LUTTE CONTRE LES DISCRIMINATIONS ET POUR L'ÉGALITÉ

« Communiqué de presse — Paris, le 19 décembre 2006

Discrimination des patients bénéficiaires de la CMU

Le ministre de la Santé et des solidarités Xavier Bertrand prend des mesures suite à la saisine[1] de la Halde par un collectif de médecins, le COMEGAS[2], et un collectif d'associations, le CISS[3]. Dans sa délibération, la Haute autorité demandait au ministre de prendre les mesures nécessaires pour mettre un terme à ces pratiques discriminatoires.[...] La Halde a rappelé que le refus d'accès aux soins est une discrimination prohibée par l'article 1110-3 du Code de la santé publique. »

D'après www.halde.fr, 2007.

1. Le fait de saisir une juridiction pour avis.
2. Collectif des médecins généralistes pour l'accès aux soins.
3. Collectif interassociatif sur la santé.

je m'entraîne pour le brevet

PARAGRAPHE ARGUMENTÉ

▶ Trouver les parties d'un plan

Après avoir compris le sujet, il faut dégager le ou les thèmes qui permettront de bâtir le plan du paragraphe argumenté.
Lorsque deux thèmes sont donnés dans le sujet, le plan sera souvent composé de deux parties. Si le sujet ne présente qu'un seul thème, il faut le décomposer à l'aide de ses connaissances et des documents afin de trouver les différentes parties du paragraphe argumenté.

★ Le sujet suivant ne présente qu'un seul thème. Soulignez-le. En vous aidant des documents de la page et de vos connaissances personnelles, retrouvez, en répondant aux questions posées ci-dessous, les trois parties à développer pour traiter le sujet.

Sujet : À l'aide des documents et de vos connaissances, rédigez un paragraphe argumenté montrant que l'égalité de tous face à la santé doit être défendue.

1re partie : Pourquoi ?	2e partie : Comment ?	3e partie : Par qui ?
....	....	....
....	....	....
....	....	....
....	....	....

La liberté de la presse en question en France et dans le monde

FICHE 4

A Comment est assuré le droit à l'information des Français ?

Doc. 1 La Déclaration des droits de l'homme et du citoyen, 1789

« Art. 11 - La libre communication des pensées et des opinions est un des droits les plus précieux de l'homme. Tout citoyen peut donc parler, écrire et imprimer librement sauf à répondre de l'abus de cette liberté dans les cas déterminés par la loi. »

1. D'après le document 1, quelle liberté est à l'origine du droit à l'information ? Par quoi est-elle limitée ?

2. Les citoyens sont informés grâce à des médias. Recherchez dans votre manuel ou dictionnaire la définition de média.

3. Sur le document 2, écrivez les numéros correspondant aux médias suivants :

- 1 Presse quotidienne nationale
- 2 Presse hebdomadaire
- 3 Presse gratuite
- 4 Télévision
- 5 Internet
- 6 Radio

Doc. 2 La pluralité des médias en France

4. Pourquoi la pluralité des médias est-elle garante de la démocratie ?

B La liberté de la presse est-elle respectée en France ?

Doc. 3 La protection du secret des sources des journalistes

« La protection du secret des sources des journalistes [a] été au cœur des débats sur la liberté de la presse en France en 2006 […].
Comme l'année précédente, 2006 a vu se multiplier les poursuites judiciaires à l'encontre des journalistes pour violations du secret de l'instruction d'une enquête, dans le but de leur faire révéler leurs sources.
Pourtant en début d'année, le ministre de la Justice, Pascal Clément, s'était engagé lors de ses vœux à la presse à inscrire le principe de la protection du secret des sources dans la loi de 1881 sur la liberté de la presse.
Mais ceci n'a pas empêché les mises en examen de six journalistes.
La relaxe[1] prononcée le 14 novembre par le tribunal correctionnel de Paris à l'égard de l'un d'entre eux, le journaliste Claude Ardid, est venue tempérer cette tendance. Dans son jugement, le tribunal a estimé que le journaliste n'était pas coupable d'abus de la liberté d'expression et ne saurait être condamné pour violations du secret d'instruction car la mission première du journalisme est d'informer le public. »

D'après le rapport de Reporters sans frontières 2007, www.rsf.org, 2007.

1. Décision par laquelle un tribunal reconnaît la personne accusée non coupable.

5. D'après Reporters sans frontières (doc. 3), à quel problème les journalistes ont-ils été exposés en 2006 ?

6. Quelle est la raison de ces poursuites judiciaires ?

7. Sur quel argument le tribunal s'appuie-t-il pour justifier la relaxe du journaliste Claude Ardid ?

8. Pour quelle raison aurait-il pu être condamné ?

C Les journalistes exercent-ils leur métier librement partout dans le monde ?

Doc. 4 La situation de la presse dans le monde en 2006 (Reporters sans frontières, rapport 2007)

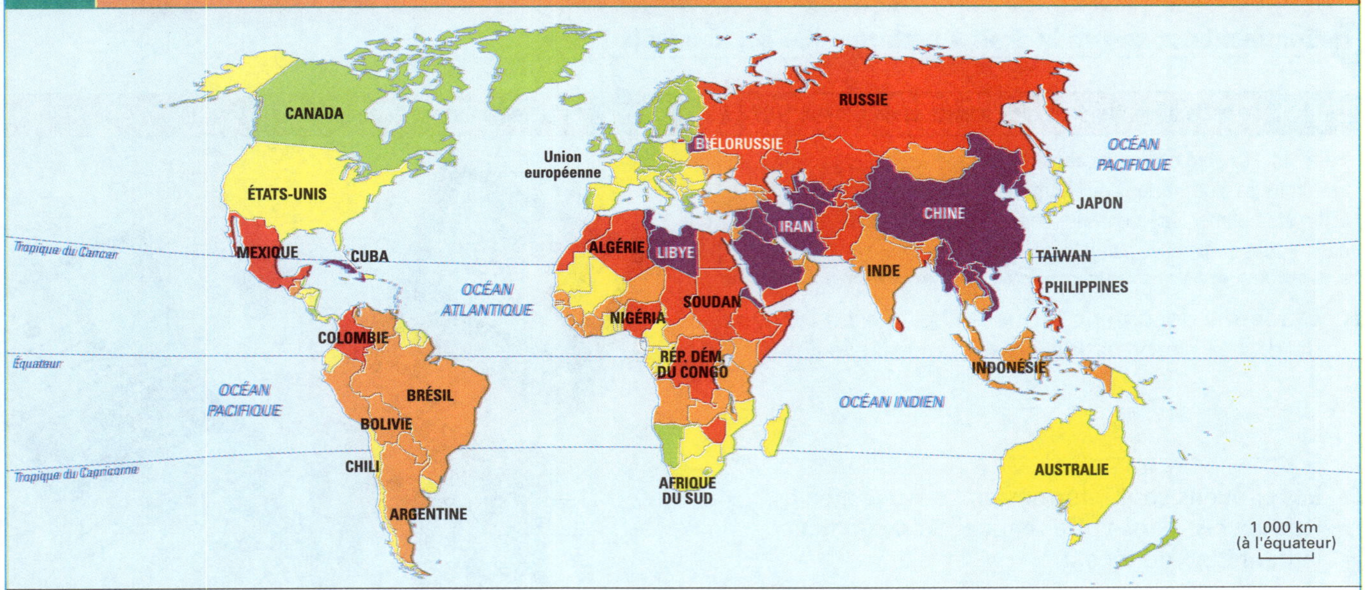

Situation bonne
Pas d'attaques du pouvoir, protection de la presse par la justice et l'opinion publique

Situation plutôt bonne
Peu d'attaques du pouvoir, protection de la presse par la justice et l'opinion publique

Problèmes sensibles
Attaques du pouvoir, pressions, censure, intimidations

Situation difficile
Censure, intimidations, emprisonnements et assassinats

Situation très grave
Censure très forte, arrestations, condamnations et assassinats

9. Nommez trois pays où la situation de la presse est très grave.

....

....

10. Quels moyens sont employés pour contrôler la presse dans ces pays ?

....

....

11. D'après ces informations, quel lien peut-on faire entre liberté de la presse et régime politique (démocratie, régime autoritaire, dictature) ?

....

....

....

....

....

je m'entraîne pour le brevet

PARAGRAPHE ARGUMENTÉ

▶ **Bâtir un plan détaillé (1)**

Après avoir compris le sujet, délimité et trouvé les parties du plan, on peut commencer à bâtir un plan détaillé. Chaque partie doit alors être organisée en sous-parties.

★ Le thème du sujet est encadré. On peut traiter ce sujet en deux parties. À l'aide des propositions suivantes, retrouvez les sous-parties du plan proposé.

Sujet : À l'aide des documents et de vos connaissances personnelles, rédigez un paragraphe argumenté montrant la situation de la presse dans le monde.

Sous-parties à classer
- Des journalistes menacés et en danger.
- Des attaques tempérées par la justice.
- Liberté de la presse mal ou non garantie.
- Le pluralisme des médias, gage de liberté.
- La liberté de la presse est garantie par la loi.

1re partie : La situation de la presse dans un pays démocratique comme la France

A. ....

B. ....

C. ....

2e partie : La situation de la presse dans des régimes non démocratiques

A. ....

B. ....

Les principes et l'organisation de la justice en France

FICHE 5

A Quels sont les principes fondamentaux de la justice en France ?

1. Reliez chaque article du document 1 au principe fondamental correspondant.

Doc. 1 Les grands textes

A. Déclaration des droits de l'homme et du citoyen, 1789.	
« Art. 6 - La loi […] doit être la même pour tous, soit qu'elle protège, soit qu'elle punisse.	☐
Art. 8 - […] Nul ne peut être puni qu'en vertu d'une loi établie et promulguée antérieurement au délit, et légalement appliquée.	☐
Art. 9 - Tout homme est présumé innocent jusqu'à ce qu'il ait été déclaré coupable […]. »	☐
B. Déclaration universelle des droits de l'homme, 1948.	
« Art. 2-1 - Toute personne déclarée coupable d'une infraction pénale par un tribunal a le droit de faire examiner [son cas] par une juridiction supérieure […].	☐
Art. 5 - Nul ne sera soumis à la torture, ni à des peines ou traitements cruels, inhumains ou dégradants.	☐
Art. 10 - Toute personne a droit, en pleine égalité, à ce que sa cause soit entendue équitablement et publiquement par un tribunal indépendant et impartial […].	☐
Art. 11 - Toute personne accusée d'un acte délictueux [a droit à] un procès public où toutes les garanties nécessaires à sa défense lui auront été assurées. »	☐

Les principes de la justice

- ☐ Présomption d'innocence
- ☐ Droit à un procès équitable et impartial
- ☐ Pas de rétroactivité des lois
- ☐ Respect des droits de la défense
- ☐ Égalité devant la loi
- ☐ Droit de faire appel d'une décision de justice
- ☐ Droit à la dignité humaine

B Comment la justice fonctionne-t-elle en France ?

2. Complétez le schéma (doc. 2) en écrivant le nom des trois types de juridiction : administrative, pénale, civile.

3. À l'aide du schéma, classez les trois types d'infractions à la loi de la moins grave à la plus grave.

- ....
- ....
- ....

4. Coloriez en rouge les voies de recours possible après un premier jugement.

5. À l'aide du schéma, écrivez de quel tribunal relève chacun des cas suivants.

Doc. 2 Les tribunaux et les voies de recours

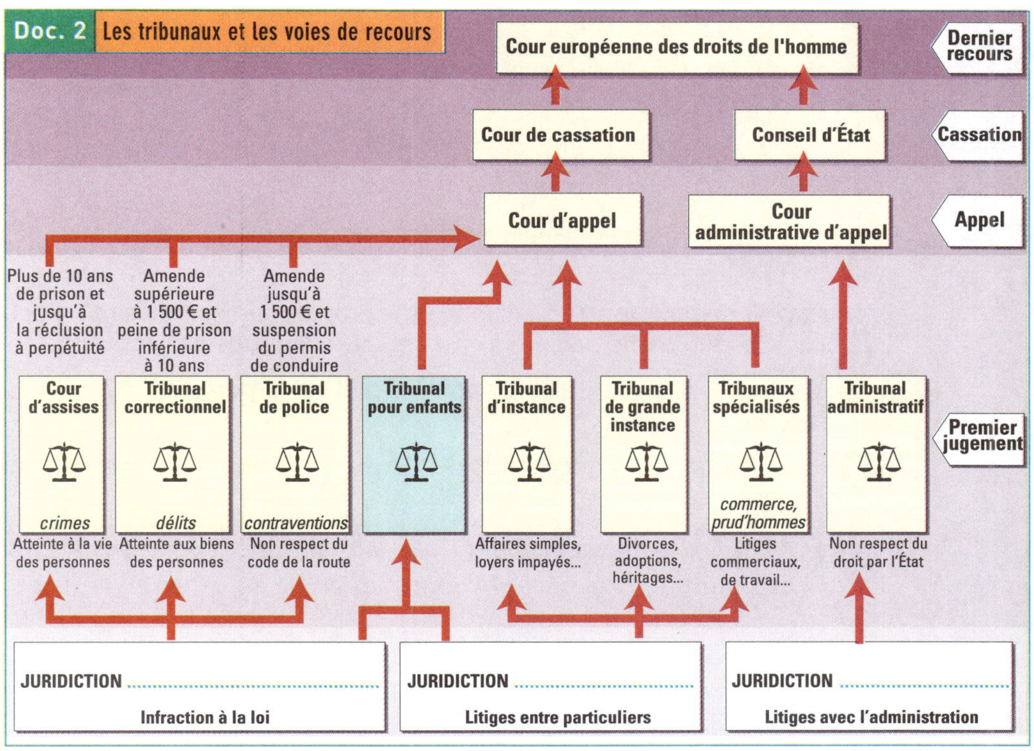

	Tribunal compétent
1. Un automobiliste en état d'ébriété a provoqué un accident.	....
2. Des adolescents ont vandalisé une école maternelle.	....
3. Un propriétaire veut obliger son locataire à payer ses loyers en retard.	....
4. Une étudiante conteste la décision de l'université qui lui refuse une bourse.	....

	Tribunal compétent
5. Un forcené a tiré des coups de feu sur des passants.	....
6. Un homme a commis des violences sur un mineur de moins de 15 ans.	....
7. Une femme est poursuivie pour émission de chèque sans provisions.	....
8. Deux individus ont cambriolé le domicile de retraités en vacances.	....

C Quels sont les différents magistrats ?

Doc. 3 Les magistrats

CONSEIL SUPÉRIEUR DE LA MAGISTRATURE

Composition	Compétences
• Président de la République • Ministre de la Justice • 16 très hauts magistrats	• Nomme les magistrats • Instance de discipline des magistrats • Garantit l'indépendance de la justice

→ nomme

MAGISTRATS DU PARQUET

....

....

MAGISTRATS DU SIÈGE

....

....

- ■ Indépendants du ministère de la Justice.
- ■ Placés sous l'autorité du ministère de la Justice.
- ■ Décident de l'ouverture d'une enquête judiciaire.
- ■ Dirigent les procès et prononcent les verdicts.
- ■ Au cours des procès, chargés de l'accusation au nom de la société.

6. Sur le document 3, soulignez le nom de l'institution chargée de garantir l'indépendance de la justice.

7. Complétez le schéma en écrivant le nom des magistrats qui composent le parquet et le siège.

8. Reliez chaque type de magistrat à ses caractéristiques.

9. Dans le document 4, soulignez le passage montrant que le juge des enfants est à la fois un magistrat du parquet et un magistrat du siège.

10. Quels sont les deux rôles du juge des enfants ?

....

....

Doc. 4 Un exemple de juge : le juge des enfants

« Le juge des enfants siège au tribunal de grande instance et tient deux rôles. Dans sa fonction protectrice, le juge des enfants intervient en assistance éducative lorsqu'un mineur est en danger physique ou moral, c'est-à-dire privé des soins et/ou de l'éducation nécessaires pour garantir sa santé, sa sécurité ou sa moralité. Il est saisi par le parquet et effectue toute investigation utile [...]. Dans sa fonction répressive, lorsqu'un mineur est suspecté d'une infraction et après avoir été saisi par le procureur de la République, il intervient pour instruire et pour juger. Il procède à toute investigation utile sur les faits et la personnalité du mineur. Il est épaulé par les services de la protection judiciaire de la jeunesse. Lors de cette phase, le juge des enfants peut prendre diverses mesures selon l'âge du mineur, la nature de l'infraction et la peine encourue [...]. »

D'après le site Internet du ministère de la Justice, www.justice.gouv.fr, 8 février 2007.

je m'entraîne pour le brevet

PARAGRAPHE ARGUMENTÉ

▶ **Bâtir un plan détaillé (2)**

Après avoir compris le sujet, délimité et trouvé les parties du plan, on peut commencer à bâtir un plan détaillé. Chaque partie doit alors être organisée en sous-parties.

a Les deux thèmes du sujet forment les parties du paragraphe à rédiger. Encadrez-les puis écrivez-les dans le plan détaillé.

b En vous aidant des documents de la fiche et de vos connaissances, retrouvez les sous-parties du plan proposé.

***Sujet :** À l'aide des documents et de vos connaissances personnelles, rédigez un paragraphe argumenté exposant les principes et l'organisation de la justice en France.*

1re partie : ....

A. Doc. 1 ....

B. Doc. 2 et 3 Une justice indépendante avec de nombreuses voies de recours

2e partie : ....

A. Doc. 2 ....

B. Doc. 3 Les magistrats du siège et du parquet

C. Doc. 4 ....

Les rôles de la police et de la justice dans une affaire criminelle

FICHE 6

A Comment commence une enquête ?

Étape 1 Un cambriolage dans une villa

2 millions de bijoux ont été volés dans une villa du Cap d'Antibes. Les propriétaires de la villa ont porté **plainte contre X**[1] au commissariat de police le plus proche et se sont constitué partie civile[2]. Après **saisie** du parquet, les policiers **transmettent le procès verbal** de la plainte au SRPJ[3] de Nice. Le parquet **nomme** le juge d'instruction Lambert. Il **dirige** l'enquête que **mène** le commissaire Regnault, commandant du SRPJ de Nice.

1. Lorsque l'auteur de l'infraction est inconnu.
2. Permet à toute victime d'une infraction pénale de prétendre à des dommages et intérêts.
3. Service régional de police judiciaire qui lutte contre le crime organisé.

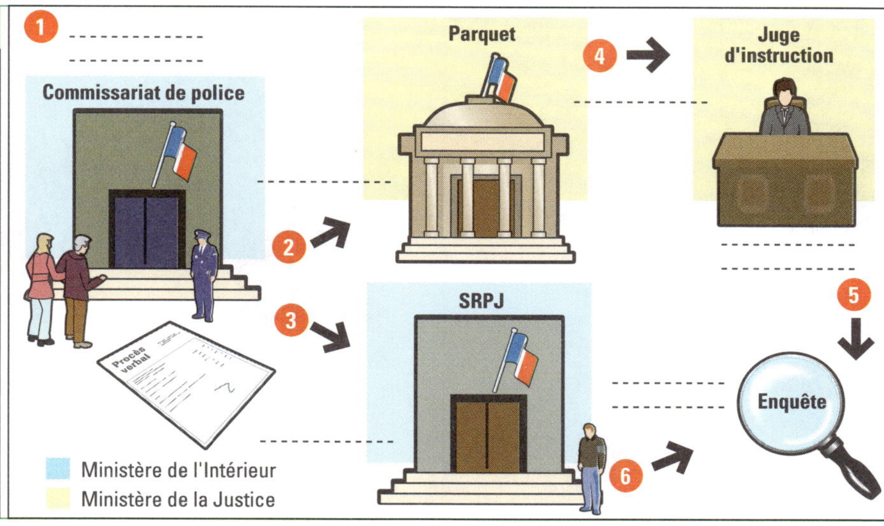

1. Soulignez l'infraction commise. Quelle est la juridiction concernée par cette affaire (voir fiche 5) ?

....

2. Complétez le schéma à l'aide des mots en caractères gras.

B Comment se déroule une enquête ?

Étape 2 Une enquête rapide

Un mois plus tard, **un individu est interpellé** pour la possession d'un des bijoux volés, qu'il a tenté de vendre à un bijoutier. Un officier de la police judiciaire (PJ) place le suspect en **garde à vue** pour 24 heures.
Durant l'interrogatoire, l'individu nie le vol mais le juge d'instruction Lambert établit une commission rogatoire[1] permettant la **perquisition**[2] de la maison du suspect par la PJ. Avec la **découverte du butin**, le juge d'instruction procède à la mise en examen de l'individu pour vol qualifié.

1. Acte par lequel un magistrat délègue ses pouvoirs à un officier de police judiciaire, pour qu'il exécute à sa place un acte d'instruction.
2. La perquisition est la recherche d'éléments de preuve d'une infraction au domicile d'une personne.

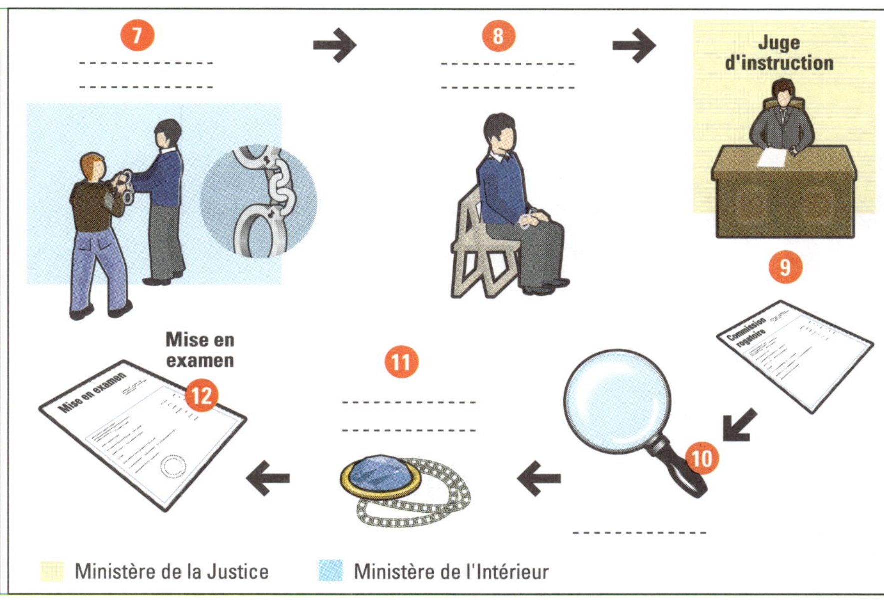

3. Complétez le schéma à l'aide des mots en caractère gras.

4. Dans le document 1, soulignez les objectifs de la garde à vue. Qui peut en décider ?

....

....

5. Qui doit en être informé et pourquoi ?

....

....

Doc. 1 **La garde à vue** (Loi du 15 juin 2000)

« Art. 5 - L'officier de police judiciaire peut, pour les nécessités de l'enquête, placer en garde à vue et interroger toute personne à l'encontre de laquelle il existe des indices faisant présumer qu'elle a commis ou tenté de commettre une infraction. Il en informe dès le début de la garde à vue le procureur de la République qui peut décider de la prolonger de 24 heures. »

C Comment passe-t-on de l'enquête au procès ?

6. Complétez le schéma à l'aide des mots en caractère gras.

7. Pourquoi le parquet, qui a mené l'enquête avec le SRPJ, transmet-il le dossier au siège ?

....

....

....

....

....

....

8. Quel est le tribunal concerné et pourquoi ? (*cf.* fiche 5)

....

....

....

....

....

....

Étape 3 Vers le procès

L'enquête terminée, le juge d'instruction Lambert **transmet le dossier** au parquet. Le procureur de la République **émet une ordonnance** de mise en accusation[1] contre l'accusé et **transmet le dossier** aux magistrats du siège pour un **procès** devant le tribunal correctionnel de Nice.

1. Acte présentant les charges retenues contre l'accusé et justifiant son jugement devant le tribunal correctionnel.

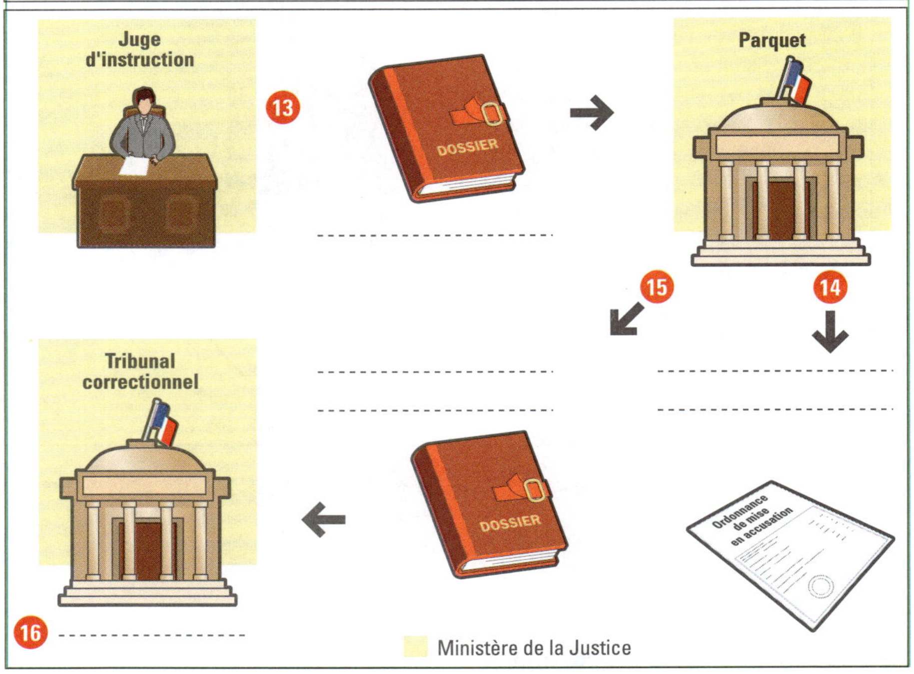

je m'entraîne pour le brevet

PARAGRAPHE ARGUMENTÉ

▶ **Bâtir un plan détaillé (3)**

Après avoir compris le sujet, délimité et trouvé les parties du plan, on peut commencer à bâtir un plan détaillé. Chaque partie doit alors être organisée en sous-parties.

a Encadrez les thèmes du sujet et complétez les titres des deux parties du plan.

b À l'aide des schémas de la fiche, reconstituez les rôles respectifs de la police et de la justice.

***Sujet :** À l'aide des documents et de vos connaissances personnelles, rédigez un paragraphe argumenté présentant les rôles respectifs de la police et de la justice dans une affaire criminelle.*

1re partie : ....

Étape 1 ....

Étape 2 ....

2e partie : ....

Étape 1 ....

Étape 2 ....

Étape 3 ....

Le fonctionnement de la cour d'assises et des Prud'hommes

FICHE 7

A Comment un procès en cour d'assises se déroule-t-il ?

Doc. 1 Les étapes d'une audience en cour d'assises

« La cour d'assises est saisie par le juge d'instruction. À l'ouverture de l'audience, l'huissier fait se lever **le public et la presse (1)** à l'entrée de **la cour (2)**, composée du président et de deux juges assesseurs. **Les 9 jurés (3)** prêtent serment avant de prendre place autour de la cour. Le président présente l'identité de **l'accusé (4)**, encadré de **policiers (5)**, puis ordonne au **greffier (6)** la lecture de l'ordonnance de mise en accusation. Il procède aux auditions de l'accusé, **des témoins et des experts (7)**, de la victime, des avocats etc. Vers la fin de l'audience, **l'avocat général (8)** prononce son réquisitoire, demandant une peine qui met l'accent sur les intérêts de la société et les responsabilités de l'accusé ; suivent les plaidoiries **des avocats de la victime et de la partie civile (9)** et ainsi que de **la défense (10)**.
À l'issue des débats, les juges et les 9 jurés se retirent pour délibérer en secret. Le vote sur la culpabilité de l'accusé nécessite une majorité de 8 voix. Si l'accusé est déclaré non coupable, la cour d'assises prononce l'acquittement. Si la culpabilité de l'accusé est reconnue, la cour délibère immédiatement sur l'application des peines. Après les délibérations, la cour retourne en salle d'audience pour prononcer son verdict. Si l'accusé est acquitté, il est remis en liberté. S'il est condamné, le président l'informe qu'il peut faire appel de la décision. »

D'après www.viepublique.fr, 2007.

Une cour d'assises

1. À l'aide du document 1, complétez le dessin en écrivant le numéro correspondant aux personnes présentes dans une cour d'assises.

2. Dans le texte, soulignez qui saisit la cour d'assises et encadrez qui en dirige les débats.

3. Quelle est la mission de l'avocat général, représentant du parquet ? des avocats ?

....

....

4. Qui décide de la culpabilité de l'accusé et comment ?

....

....

....

5. Quel est le droit de tout condamné ?

....

....

B Quelles sont les voies de recours après un jugement ?

6. À l'aide de l'exemple donné, complétez le tableau.

Cas de recours	Motif invoqué	Acte judiciaire	Juridiction concernée	Décision
Condamné deux fois en cour d'assises, W. demande à la Cour de révision de revoir son procès en raison de la découverte de traces ADN sur l'arme du crime le disculpant. Elle accepte.	Nouveaux éléments d'enquête	Révision du procès	Cour de révision	Accord
La cour de cassation a rejeté le pourvoi en cassation de X. qui estimait que la loi et ses droits n'avaient pas été respectés durant son procès.	....	....	....	....
La demande de grâce de Y. pour raisons médicales a été refusée par le président de la République car injustifiées.	....	....	....	....
La Cour européenne des droits de l'homme rejette la requête de Z. qui estimait que ses droits n'avaient pas été respectés par la justice de son pays, même en appel.	....	....	....	....

C Comment fonctionne le conseil des Prud'hommes ?

Doc. 2 Un conflit du travail

Monsieur Durand, commercial dans une entreprise, est licencié pour faute grave. En raison de la canicule, il est allé en rendez-vous d'affaires en bermuda. Son directeur, M. Legrand, ne peut accepter cette attitude car elle donne une image peu sérieuse de l'entreprise.
Son employé se rend au greffe du conseil des Prud'hommes de son lieu de travail pour déposer une requête pour licenciement abusif. En effet, le conseil des Prud'hommes juge les litiges et les conflits liés au contrat de travail.
Messieurs Durand et Legrand sont convoqués pour une conciliation qui se déroule devant deux juges, appelés conseillers prud'hommes, l'un élu par les salariés, l'autre par les employeurs.
Comme la conciliation échoue, l'affaire est renvoyée devant le bureau de jugement composé de deux conseillers salariés et de deux employeurs.
Messieurs Durand et Legrand sont représentés par un avocat. Le conseil des Prud'hommes confirme le licenciement de M. Durand pour faute grave. Mécontent du jugement, M. Durand fait appel auprès de la cour d'appel qui confirme en tous points le jugement.

D'après un jugement des Prud'hommes de Rouen, 2001.

Le parcours d'une affaire aux Prud'hommes

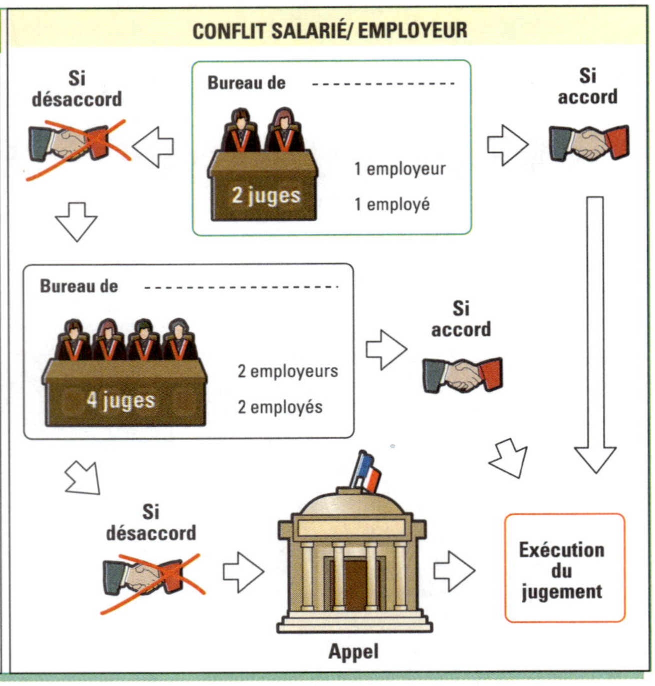

7. Dans le document 2, encadrez le type d'affaires jugées par les Prud'hommes.

8. Soulignez ce qui caractérise les juges des Prud'hommes.

9. Quelle est la raison du conflit entre le salarié et l'employeur ?

....

....

10. Que fait le plaignant une fois le jugement rendu ?

....

....

....

11. Complétez le schéma et représentez le parcours suivi par l'affaire du doc. 2 en coloriant les flèches du schéma.

je m'entraîne pour le brevet

PARAGRAPHE ARGUMENTÉ

▶ **Utiliser des connecteurs logiques**

Pour rédiger un paragraphe argumenté, on introduit les arguments en utilisant des connecteurs logiques.

★ À l'aide de la liste de connecteurs logiques proposée, complétez le paragraphe argumenté ci-dessous.

comme • en outre • c'est pourquoi • mais • de plus • dès lors • cependant • ainsi

Sujet : À l'aide des documents et de vos connaissances, rédigez un paragraphe argumenté montrant que le droit à un procès équitable est respecté par les tribunaux en France.

En France, les principes de la justice doivent s'appliquer à chacun, ... le proclame la Déclaration universelle des droits de l'homme de 1948. ...., chacun a droit à la présomption d'innocence, à un procès équitable, à être défendu et à pouvoir faire appel.

Dans le cas d'un procès en cour d'assises, l'accusé comme la victime sont entendues par la cour et défendues par un avocat. Témoins et experts sont aussi entendus. ...., le mode de délibération de la cour et du jury permet un jugement plus équitable (débats et votes à bulletins secrets, règles de majorité…). ...., si le jugement ne leur convient pas, les parties bénéficient de toutes les voies de recours. ...., l'affaire peut être rejugée en appel, puis un pourvoi en cassation reste possible. L'ultime recours reste la Cour européenne des droits de l'homme. Tant qu'il n'a pas été condamné définitivement, un accusé reste présumé innocent.

Dans le cas d'un litige de travail, les juges des Prud'hommes doivent assurer l'équité de leur jugement. .... ils siègent à parité (nombre égal de juges employés et employeurs). ...., un bureau de conciliation permet parfois d'éviter un procès plus long.

Des valeurs communes aux pays de l'Union européenne

FICHE 8

A Quelles sont les valeurs de l'Union européenne et comment sont-elles garanties ?

1. D'après le document 1, à quelle organisation appartiennent les pays membres de l'Union européenne ?

2. Quelles sont les trois valeurs auxquelles les pays de l'Union européenne adhèrent en étant membres du Conseil de l'Europe ?

3. D'après le document 2, quel texte les États membres du Conseil de l'Europe signent-ils en 1950 ? Que défend-il ?

4. Encadrez le nom de l'institution qui garantit le respect de ces droits.

5. Qui peut saisir cette institution ?

6. À l'aide du document 2, complétez le tableau en précisant le droit ou la liberté qui n'a pas été respecté dans chacun des cas.

Doc. 1 Le Conseil de l'Europe

« Les 27 pays membres de l'Union européenne appartiennent au Conseil de l'Europe, créé en 1949 afin de promouvoir la paix et une union plus étroite entre les pays d'Europe. L'UE adhère pleinement aux valeurs et aux objectifs du Conseil de l'Europe :
- défendre des valeurs communes : les droits de l'homme, la démocratie pluraliste, la primauté[1] du droit ;
- favoriser l'union des États membres par des pratiques sociales et juridiques harmonisées ;
- favoriser la prise de conscience de l'identité européenne fondée sur des valeurs partagées et dépassant les différences de culture. »

D'après le site Internet du Conseil de l'Europe, 2007.

1. La supériorité.

Doc. 2 La Convention européenne des droits de l'homme

« À Rome, le 4 novembre 1950, les États membres du Conseil de l'Europe ont signé la Convention européenne des droits de l'homme (CEDH) qui énonce une liste de libertés et de droits fondamentaux : droit à la vie, interdiction de la torture, interdiction de l'esclavage et du travail forcé, droit à la liberté et à la sûreté, droit à un procès équitable, présomption d'innocence, droit au respect de la vie privée et familiale, liberté de pensée, de conscience et de religion, liberté d'expression, liberté de réunion et d'association, droit à un recours effectif, interdiction de discrimination...
Afin d'en assurer le respect, la Cour européenne des droits de l'homme a été instituée pour statuer sur des requêtes individuelles, de groupes ou d'ONG et d'États. »

D'après le site Internet du Conseil de l'Europe, 2007.

Exemples d'arrêts de la Cour européenne des droits de l'homme en 2006

Pays condamnés pour violation de la Convention européenne des droits de l'homme	Motif de la condamnation	Quel droit ou quelle liberté n'a pas été respecté ?
Allemagne	Administration de force d'un vomitif à un trafiquant en vue de recueillir un sachet de drogue qu'il avait avalé.	
Autriche	Condamnation d'un journaliste pour avoir critiqué l'arrêt d'un tribunal.	
Bulgarie	Interdiction de voyager pour cause d'impôts impayés.	
Lettonie	Surpopulation dans les prisons, confinement et insuffisance de nourriture et d'eau pour les détenus.	
République tchèque	Refus d'enregistrer un parti politique au motif qu'un de ses buts serait anticonstitutionnel.	

7. Après avoir attentivement observé l'affiche pour la journée de l'Europe (doc. 3), retrouvez le message et les symboles européens à l'aide des puces numérotées.

- le message de l'affiche :

  Depuis la fin de la guerre, l'Union européenne rassemble les nations diverses [.......] du continent européen [.......].

- les symboles :

  la devise européenne [.......] le drapeau européen [.......]
  la fête anniversaire européenne [.......]

8. La diversité est une force pour l'UE. Retrouvez un ou deux exemples de cette diversité à l'aide du programme de géographie.

....

....

....

....

Doc. 3 Affiche éditée pour la journée de l'Europe, 2005

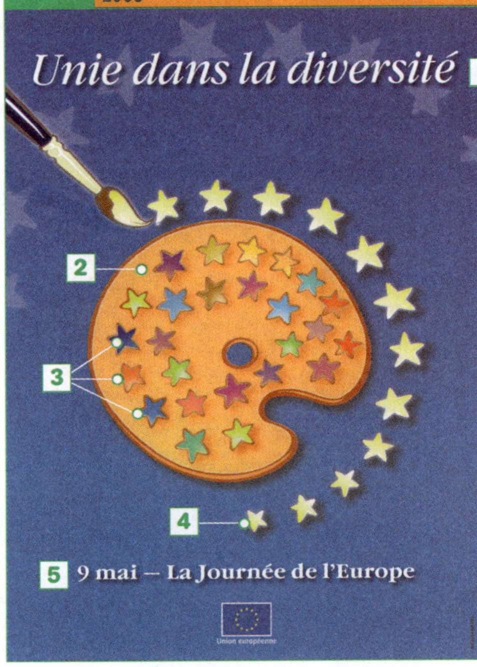

B Quels droits communs la citoyenneté européenne donne-t-elle ?

9. Dans le document 4, encadrez le nom du texte qui a institué la citoyenneté européenne ainsi que la date de sa signature.

10. Soulignez la condition à remplir pour être citoyen européen.

11. D'après l'article 8A-1 quels sont les droits reconnus à tous les citoyens de l'UE ?

....

....

....

12. À quelles élections peut participer tout citoyen de l'UE ?

....

....

....

Doc. 4 La citoyenneté européenne et ses droits

« Art. 8-1 - Il est institué une citoyenneté de l'Union. Est citoyen de l'Union toute personne ayant la nationalité d'un État membre.
Art. 8A-1 – Tout citoyen de l'Union a le droit de circuler et de séjourner librement sur le territoire des États membres, sous réserve des limitations et conditions prévues par le présent traité et par les dispositions prises pour son application. […]
Art. 8B-1 – Tout citoyen de l'Union résidant dans un État membre dont il n'est pas ressortissant a le droit de vote et d'éligibilité aux élections municipales dans l'État membre où il réside, dans les mêmes conditions que les ressortissants de cet État. […]
Art. 8B-2 – […] tout citoyen de l'Union résidant dans un État membre dont il n'est pas ressortissant a le droit de vote et d'éligibilité aux élections au Parlement européen dans l'État membre où il réside, dans les mêmes conditions que les ressortissants de cet État. […] »

Extraits du traité de Maastricht, 1992.

... pour le brevet

PARAGRAPHE ARGUMENTÉ

▶ **Rédiger un paragraphe argumenté**

★ Appliquez les étapes de la méthode d'un paragraphe argumenté au sujet proposé.

1. Je distingue et définis les termes importants du sujet.
2. Je détermine les limites temporelles et spatiales du sujet.
3. Je trouve les parties composant le plan.
4. J'organise la réponse à rédiger en deux ou trois parties.
5. Je sélectionne les arguments à partir des documents.
6. Je rédige en soignant l'argumentation avec des connecteurs logiques.

Sujet : À l'aide des documents et de vos connaissances personnelles, rédigez un paragraphe argumenté montrant comment l'Union européenne garantit les droits de l'homme.

Achevé d'imprimer par Gibert Clarey à Chambray Les Tours - FRANCE - Dépôt légal n° 91753 - Juillet 2007